Die schönsten Fabeln

Die Dichter und Erzähler:

Äsop (lebte angeblich Mitte des 6. Jahrhunderts vor Christus)
Ludwig Bechstein (24.11.1801–14.05.1860)
Wilhelm Busch (15.04.1832–09.01.1908)
Jean de La Fontaine (1621–1695)
Christian Fürchtegott Gellert (04.07.1715–13.12.1769)
Johann Wilhelm Ludwig Gleim (02.04.1719–18.02.1803)
Jakob Grimm (04.01.1785–20.09.1863) und
Wilhelm Grimm (24.02.1786–16.12.1859)
Friedrich von Hagedorn (23.04.1708–28.10.1754)
Josef Haltrich (22.07.1822–17.05.1886)
Franz Kafka (03.07.1883–03.06.1924)
Heinrich von Kleist (18.10.1777–21.11.1811)
Gotthold Ephraim Lessing (22.01.1729–15.02.1781)
Novalis (02.05.1772–25.03.1801)
eigentl.: (Georg) Friedrich (Philipp) Freiherr von Hardenberg
Johann Heinrich Pestalozzi (12.01.1746–17.02.1827)
Hans Sachs (05.11.1494–19.01.1576)
Abraham a Sancta Clara (02.07.1644–01.02.1709), auch: Gaudentius Hilarion, Hilarius von Freudenberg, Theophilus Mariophilus; bürgerlich: Johann Ulrich Megerle
Arthur Schopenhauer (22.02.1788–21.09.1860)

Impressum

Trotz gründlicher Recherche der Texte kann keine Garantie für ihre originalgetreue Wiedergabe übernommen werden.

Die Schreibweise entspricht den Regeln der neuen deutschen Rechtschreibung.

Redaktion: Redaktionsbüro Verena Asbeck, Bad Vilbel
Foto Titelbild: www.fotolia.de
Fotos Innenseiten: www.pixelio.de
Gestaltung und Satz: Simone Halfar

www.garant-verlag.de

ISBN 978-3-86766-217-8

Die schönsten Fabeln

der klassischen Erzähler Äsop, Bechstein, Busch, Gellert, Gleim, Brüder Grimm, Hagedorn, Haltrich, Kafka, Kleist, La Fontaine, Lessing, Novalis, Pestalozzi, Sachs, Sancta Clara und Schopenhauer

Ausgewählt von Fabian Asbeck

Inhalt

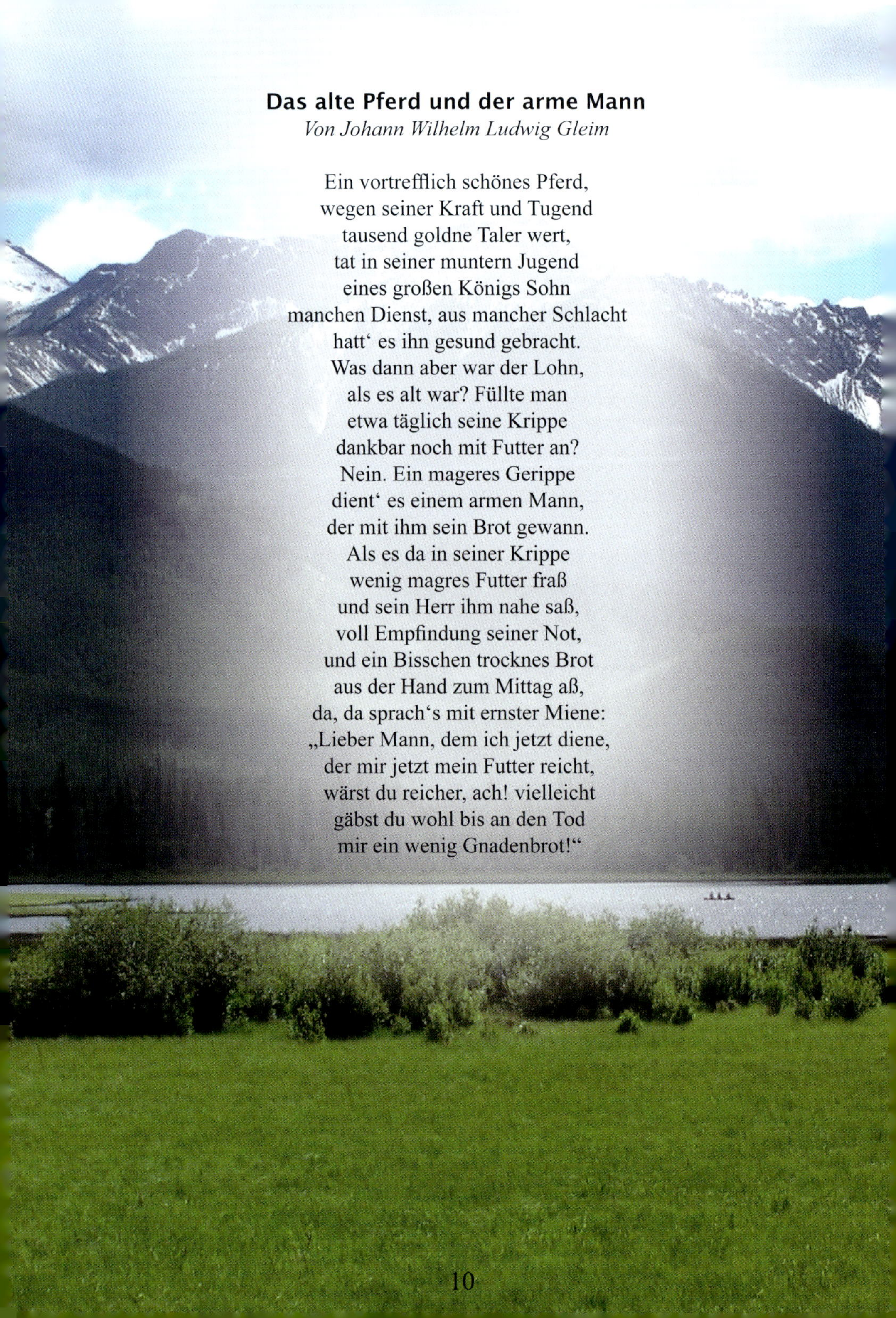

Das alte Pferd und der arme Mann

Von Johann Wilhelm Ludwig Gleim

Ein vortrefflich schönes Pferd,
wegen seiner Kraft und Tugend
tausend goldne Taler wert,
tat in seiner muntern Jugend
eines großen Königs Sohn
manchen Dienst, aus mancher Schlacht
hatt' es ihn gesund gebracht.
Was dann aber war der Lohn,
als es alt war? Füllte man
etwa täglich seine Krippe
dankbar noch mit Futter an?
Nein. Ein mageres Gerippe
dient' es einem armen Mann,
der mit ihm sein Brot gewann.
Als es da in seiner Krippe
wenig magres Futter fraß
und sein Herr ihm nahe saß,
voll Empfindung seiner Not,
und ein Bisschen trocknes Brot
aus der Hand zum Mittag aß,
da, da sprach's mit ernster Miene:
„Lieber Mann, dem ich jetzt diene,
der mir jetzt mein Futter reicht,
wärst du reicher, ach! vielleicht
gäbst du wohl bis an den Tod
mir ein wenig Gnadenbrot!"

Das Füllen

Von Christian Fürchtegott Gellert

Ein Füllen, das die schwere Bürde
des stolzen Reiters nie gefühlt,
den blanken Zaum für eine Würde
der zugerittnen Pferde hielt,
dies Füllen lief nach allen Pferden,
worauf es einen Mann erblickt,
und wünschte, bald ein Ross zu werden,
das Sattel, Zaum und Reiter schmückt.
Wie selten kennt die Ehrbegierde
das Glück, das sie zu wünschen pflegt!
Das Reitzeug, die gewünschte Zierde,
wird diesem Füllen aufgelegt.
Man führt es streichelnd hin und wider,
dass es den Zwang gewöhnen soll;
stolz geht das Füllen auf und nieder
und stolz gefällt sich‘s selber wohl.
Es kam mit prächtigen Gebärden
zurück in den verlassnen Stand
und machte wiehernd allen Pferden
sein neu erhaltnes Glück bekannt.
„Ach!“, sprach es zu dem nächsten Gaule,
„mich lobten alle, die mich sahn,
ein roter Zaum lief aus dem Maule,
die schwarzen Mähnen stolz hinan.“
Allein wie ging‘s am andern Tage?
Das Füllen kam betrübt zurück
und schwitzend sprach es: „Welche Plage
ist nicht mein eingebildet Glück!
Zwar dient der Zaum, mich auszuputzen,
doch darum ward er nicht gemacht.
Er ist zu meines Reiters Nutzen
und meiner Sklaverei erdacht.“

Was wünscht man sich bei jungen Tagen?
Ein Glück, das in die Augen fällt,
das Glück, ein prächtig Amt zu tragen,
das keiner doch zu spät erhält.
Man eilt vergnügt, es zu erreichen,
und, seiner Freiheit ungetreu,
eilt man nach stolzen Ehrenzeichen
und desto tiefrer Sklaverei.

Das Hähnchen, die Katze und das Mäuschen

Von Jean de La Fontaine

Ein junger Mäuserich hatte zum ersten Mal das Nest verlassen und war auf Wanderschaft gegangen. Ganz aufgeregt kehrte er zu seiner Familie zurück und sprudelte über von Neuigkeiten. „Ich habe viele Berge übersprungen, ein großes Meer durchschwommen und einen langen Tunnel unter einer riesigen Mauer gegraben. Da stand ich auf einmal mitten in herrlich duftenden Kräutern. Als ich sie kosten wollte, störte mich ein seltsames Schnurren. Neugierig pirschte ich mich näher und linste vorsichtig hinter einem dicken Stein hervor. Da sah ich ein großes, hübsches Tier, das mit sanften Sprüngen einem kleinen Tierchen in der Luft nachjagte. Das große Tier hatte ein ganz weiches Fell und einen schönen, langen Schwanz und so freundlich leuchtende Augen, dass es mir sehr gefiel. ‚Ein großer Freund ist immer gut', sagte ich mir und wollte mit dem hübschen Tier Freundschaft schließen. Gerade wollte ich meinen neuen Freund begrüßen, da brauste ein anderes, grässliches Tier herbei. Es hatte seine flattrigen Arme weit ausgebreitet und schlug mit ihnen kraftvoll auf und ab. Auf seinem Kopf wackelte ein blutroter Lappen grimmig hin und her. Sein Schwanz war viel zu kurz für den dicken Körper und sehr struppig. Das Schrecklichste an diesem hässlichen Tier war die Stimme. Denkt euch, in welcher Gefahr ich geschwebt habe. Mit grellen Schreien lief dieses furchtbare, zweibeinige Wesen plötzlich auf mich zu und wollte mich töten. Ich musste sofort fliehen. Schade, dass ich das hübsche, sanfte Tier nicht näher kennen gelernt habe." „Du dummes Kind", rief die Mausemutter entsetzt aus, „dein hübsches, sanftes Tier war eine Katze, unser ärgster Feind. Sie verfolgt uns, wo sie uns nur findet, und tötet uns auf grausame Art. Das Tier aber, vor dem du dich gefürchtet hast, war ein Hahn, der uns nichts tut. Er hat dir dieses Mal das Leben gerettet. Du darfst niemals danach urteilen, wie jemand aussieht. Oft verbirgt sich hinter einem sanften, schönen Gesicht ein boshafter Heuchler, der nur dein Verderben will."

Das Häschen

Von Wilhelm Busch

Das Häschen saß im Kohl
und fraß und war ihm wohl.
Nicht weit auf einem Rasen
geht ganz gemütlich grasen
ein Lämmlein, weiß und schön.
Da ist der böse Wolf gekommen
und hat das Lämmlein mitgenommen;
das Häslein hat's gesehn.
Das Häschen sprang und lief
zum Bauer hin und rief:
„O weh, o weh!
He, Bauer, he!
Grad ist der böse Wolf gekommen
und hat dein Lämmlein mitgenommen!"
Da nahm der Bauer Rüppel
den dicken, harten Knüppel,
sprach: „Dank, lieber Hase!",
und schlug ihm auf die Nase.
Dann spricht er mit Gekicher:
„Mein Kohl ist sicher!"

Und wer noch fragt,
was dies besagt,
ist offenbar so klug,
als wie das Häschen war.

Das Heupferd oder der Grashüpfer

Von Christian Fürchtegott Gellert

Ein Wagen Heu, den Veltens Hand
zu hoch gebäumt und schlecht bespannt,
konnt' endlich von den matten Pferden
nicht weiter fortgezogen werden.
Des Fuhrmanns Macht- und Sittenspruch,
ein zehnmals wiederholter Fluch,
war eben, wie der Peitsche Schlagen,
zu schwach bei diesem schweren Wagen.
Ein Heupferd, das bei der Gefahr
zuoberst auf dem Wiesbaum war,
sprang drauf herab und sprach mit Lachen:
„Ich will's dem Viehe leichter machen."
Drauf ward der Wagen fortgerückt.
„Ei", rief das Heupferd ganz entzückt,
„du, Fuhrmann, wirst an mich gedenken.
Fahr fort! Den Dank will ich dir schenken."

Das Hühnchen und der Hahn

Von Johann Wilhelm Ludwig Gleim

Ein Hühnchen saß auf *einem* Ei
und brütete mit großem Fleiße.
Der Hahn des Hühnchens geht vorbei,
sagt: „Hühnchen, kleine, liebe Weiße!
Du leidest Durst und Hunger hier
auf deinem Nest! So lang auch brüten
auf *einem* Ei! Hm! Wären‘s vier,
so ließ‘ ich‘s gelten,
und so wollt‘ ich dir
die Kinderchen vor Katz‘ und Sperber hüten!
Eins lohnt sich nicht der Müh!“
„Nicht?“, fragt das Hühnchen, „Nicht?“,
Unwillen im Gesicht!
„Und, wenn das *eine* mir die Pflicht zur Freude macht,
wie andern *viere*?“
„Nun! Nur nicht so patzig, liebes Huhn!“,
sagt da der Hahn und wünscht dem Hühnchen gute Nacht
und lässt sein Kikriki erschallen.

Der Hahn, gefällt er euch? Mir will er nicht gefallen.
Das Hühnchen aber wird, das will ich prophezein,
die zärtlichste der Mütter sein!

Das Kamel

Nach Äsop

Als die Menschen das Kamel zum ersten Male sahen, erstaunten sie über die Größe des Tieres und liefen bestürzt davon. Bald merkten sie aber, dass es nicht so furchtbar sei, wie sie es erwartet hatten, sondern dass man es leicht bändigen könne. Sie fingen es mit geringer Mühe ein und verwendeten es zu ihrem Nutzen. Ganz geduldig ließ es alles mit sich geschehen und wich jeder Gefahr aus. Nun fingen die Menschen an, weil es trotz seiner Größe und Stärke sich nie widerspenstig zeigte, sondern sich jede Kränkung ruhig gefallen ließ, es zu verachten, zäumten es auf und ließen es von ihren Kindern leiten.

Lass dich nicht von jedem gefährlich scheinenden abschrecken.

Das Kutschpferd

Von Christian Fürchtegott Gellert

Ein Kutschpferd sah den Gaul den Pflug im Acker ziehn
und wieherte mit Stolz auf ihn.
„Wann“, sprach es und fing an, die Schenkel schön zu heben,
„wann kannst du dir ein solches Ansehn geben?
Und wann bewundert dich die Welt?“
„Schweig“, rief der Gaul, „und lass mich ruhig pflügen,
denn baute nicht mein Fleiß das Feld,
wo würdest du den Hafer kriegen,
der deiner Schenkel Stolz erhält?“

Die ihr die Niedern so verachtet,
vornehme Müßiggänger, wisst,
dass selbst der Stolz, mit dem ihr sie betrachtet,
dass euer Vorzug selbst, aus dem ihr sie verachtet,
auf ihren Fleiß gegründet ist.
Ist der, der sich und euch durch seine Hand ernährt,
nichts Bessers als Verachtung wert?
Gesetzt, du hättest bessre Sitten,
so ist der Vorzug doch nicht dein.
Denn stammtest du aus ihren Hütten,
so hättest du auch ihre Sitten.
Und was du bist, und mehr, das würden sie auch sein,
wenn sie wie du erzogen wären.
Dich kann die Welt sehr leicht, ihn aber nicht entbehren.

Das Pferd

Von Novalis

Ein Wolf sagte zu einem Pferde: „Warum bleibst du denn dem Menschen so treu, der dich doch sehr plagt, und suchst nicht lieber die Freiheit?“ „Wer würde mich wohl in der Wildnis gegen dich und deinesgleichen verteidigen?“, antwortete das philosophische Pferd. „Wer mich pflegen, wenn ich krank wäre, wo fände ich solches gutes, nahrhaftes Futter, wo einen warmen Stall? Ich lasse dir gern für das alles, das mir meine Sklaverei verschafft, deine Schimäre von Freiheit. Und selbst die Arbeit, die ich habe, ist sie Unglück?“

Das Pferd und der Esel

Nach Äsop

Ein Bauer trieb ein Pferd und einen Esel, beide gleichmäßig beladen, zu Markte. Als sie schon eine gute Strecke vorwärtsgegangen waren, fühlte der Esel seine Kräfte abnehmen. „Ach“, bat er das Pferd kläglich, „du bist viel größer und stärker als ich und doch hast du nicht schwerer zu tragen, nimm mir einen Teil meiner Last ab, sonst erliege ich.“ Hartherzig schlug ihm das Pferd seine Bitte ab: „Ich habe selbst meinen Teil und daran genug zu tragen.“ Keuchend schleppte sich der Esel weiter, bis er endlich erschöpft zusammenstürzte. Vergeblich hieb der Herr auf ihn ein, er war tot. Es blieb nun nichts weiter übrig, als die ganze Last des Esels dem Pferde aufzupacken, und um doch etwas von dem Esel zu retten, zog ihm der Besitzer das Fell ab und legte auch dieses noch dem Pferde obenauf. Zu spät bereute dieses seine Hartherzigkeit. „Mit leichter Mühe“, so klagte es, „hätte ich dem Esel einen kleinen Teil seiner Last abnehmen und ihn vorm Tode retten können. Jetzt muss ich seine ganze Last und dazu noch seine Haut tragen.“

Hilf zeitig, wo du helfen kannst. Hilf dem Nachbarn löschen, ehe das Feuer auch dein Dach ergreift.

Das Pferd und die Bremse

Von Christian Fürchtegott Gellert

Ein Gaul, der Schmuck von weißen Pferden,
von Schenkeln leicht, schön von Gestalt,
und, wie ein Mensch, stolz in Gebärden,
trug seinen Herrn durch einen Wald;
als mitten in dem stolzen Gange
ihm eine Brems' entgegenzog
und durstig auf die nasse Stange
an seinem blanken Zaume flog.
Sie leckte von dem weißen Schaume,
der heficht am Gebisse floss.
„Geschmeiße!", sprach das wilde Ross,
„du scheust dich nicht vor meinem Zaume?
Wo bleibt die Ehrfurcht gegen mich?
Wie? Darfst du wohl ein Pferd erbittern?
Ich schüttle nur: so musst du zittern."
Es schüttelte; die Bremse wich.
Allein sie suchte sich zu rächen,
sie flog ihm nach, um ihn zu stechen,
und stach den Schimmel in das Maul.
Das Pferd erschrak und blieb vor Schrecken
in Wurzeln mit dem Eisen stecken.
Und brach ein Bein; hier lag der stolze Gaul.

Auf sich den Hass der Niedern laden,
dies stürzet oft den größten Mann.
Wer dir, als Freund, nicht nützen kann,
kann allemal, als Feind, dir schaden.

Das Rebhuhn und die Hühner

Nach Äsop

Ein Hühnerfreund kaufte ein Rebhuhn, um es in seinem Hof mit seinem andern Geflügel laufen zu lassen, allein die Hühner bissen und trieben es stets vom Fressen ab. Dies schmerzte das Tier sehr, denn es glaubte, es geschehe ihm diese Zurücksetzung, weil es fremd sei; betrübt zog es sich in einen Winkel zurück. Bald aber tröstete es sich, als es sah, dass sich die Hühner untereinander ebenso bissen, und sprach zu sich: „Wenn diese schlechten Tiere Feindseligkeiten sogar gegen sich selbst ausüben, so werde ich wohl eine solche Behandlung mit Gleichmut ertragen können."

Geiz und Missgunst sind die größten Feinde des Friedens.

Das Schäfchen und der Dornstrauch

Von Friedrich von Hagedorn

Ein Schäfchen kroch in dichte Hecken,
dem rauen Regen zu entgehn.
Hier konnt' es freilich trocken stehn,
allein die Wolle blieb ihm stecken.

Beglückt ist, den dies Schaf belehrt.
Betörte Had'rer, lasst euch raten.
Vertraut die Wolle nicht den scharfen Advokaten.
Oft ist, was ihr gewinnt, nicht halb der Kosten wert.

Das Schwein, die Ziege und der Hammel

Von Jean de La Fontaine

Eine Ziege, ein Hammel und ein fett gemästetes Schwein wurden gemeinsam auf einem Karren zum Markt gefahren. Die Ziege reckte ihren Hals und schaute neugierig in die Landschaft. Der Hammel hing seinen Gedanken nach. Nur das Schwein war aufsässig und fand gar keine Freude an diesem Ausflug. Es schrie so entsetzlich, dass es sogar dem gutmütigen Hammel zu viel wurde. „Warum machst du denn so einen Lärm? Man kann dabei ja keinen vernünftigen Gedanken fassen." Auch die Ziege schimpfte mit dem Schwein und meckerte: „Hör endlich auf mit dem albernen Gezeter und benimm dich anständig. Schau dir die herrlichen, saftigen Wiesen an und sei dankbar dafür, dass du gefahren wirst und nicht zu Fuß gehen musst." „Törichte Ziege, dummer Hammel", schnauzte das Schwein, „ihr haltet euch wohl für sehr klug und gebildet, dass ihr mir Vorschriften machen wollt. Glaubt ihr denn, dass der Bauer uns allein zu unserem Vergnügen herumkutschiert? Hättet ihr nur ein Fünkchen Verstand, dann wüsstet ihr, auf welchem Weg wir uns befinden. Bestimmt denkt die leichtsinnige Ziege, man will auf dem Markt nur ihre Milch verkaufen. Du, törichter Hammel, glaubst vielleicht, dass man es einzig auf deine Wolle abgesehen hat. Ich aber für meinen Teil weiß es ganz genau, dass man mich mit dem vielen guten Essen ausschließlich zu dem Zweck vollgestopft hat, weil man mich töten und verspeisen will. Darum lasst mich um Hilfe schreien, solange ich es noch kann!" „Wenn du schon so verständig bist", rief die Ziege zornig, weil das Schwein sie beunruhigt und ihr die schöne Fahrt verdorben hatte, „dann höre auch auf zu jammern! Du weißt, dein Unheil steht fest, was hilft also noch das Weinen und Klagen, wenn du doch nichts mehr ändern kannst?"

Das zerrissene Herz

Von Johann Heinrich Pestalozzi

Als ein Hahn ein Küchlein aufs Blut pickte und die Mutter dem Hahn ohne Gegenwehr zusah, entfloh das verwundete Küchlein unter einen Holzstoß und kam nicht mehr hervor; so sehr auch die Henne ihm lockend rief, blieb es doch unbewegt unter dem Holzstoß und starb voll gleichen Entsetzens über das Picken des Vaters und über das Zusehen der Mutter.

Merke: Wenn Teilnahme und Hilfe mangeln, wo Natur und Pflicht Hilfe gebieten, dann ergreift Entsetzen das verwahrloste Herz. Das ist bei einem Kinde wahr, dem die Eltern in diesem Grade mangeln. Es kann aber auch bei ganzen Menschenhaufen wahr werden; es kann das Herz eines Volkes ergreifen, das von denen, die es zu versorgen Pflicht und Eid auf sich haben, so auf eine herzzerreißende Weise verwahrlost, hintangesetzt und gedrückt wird.

Der Adler, die Sau und die Katze

Von Friedrich von Hagedorn

Tyrannin!, die du Jung und Alt
mit unumschränkter Macht regierest!
Dich mit der weiblichen Gestalt
der meisten Modelaster zierest
und bald des Stolzes, bald der List,
auch oft der Einfalt Zuflucht bist.
Verleumdung!, deren Mund die Wahrheit selbst betäubet,
der Mund, den Zucht und Unschuld scheut,
dir sei zum ersten Mal ein Blatt von mir geweiht,
das jetzt ein Meisterstück, das du vollführt, beschreibet!

Es hatt‘ auf einem hohen Baum
der Vögel Königin den Obersitz genommen.
Die Katze wählte sich der Eiche mittlern Raum.
Den untersten hatt‘ eine Sau bekommen.
Die hielten gute Nachbarschaft,
durch Argwohn war noch nie die Eintracht unterbrochen,
doch endlich trennte sie der Bosheit Höllenkraft.
Die Katze kam zum Adler hingekrochen
und sprach: „Hört! Unsrer Kinder Tod,
wo nicht der unsere, (doch, das zu unterscheiden,
fällt Mutterherzen schwer) scheint gar nicht zu vermeiden.
Ein guter Freund warnt in der Not.
Seht, ach! Ich bitte, seht! Wie wühlt die wilde Sau!
Sie gräbt und will den Baum ganz aus der Wurzel heben.
Trau, schaue wem; wie muss ich arme Frau
an unsern Kindern das erleben!
Ihr kennt nicht die Gefahr; mir aber, mir ist bange!
Sobald die Eiche fällt, die schon beschädigt ist,
so seh ich‘s, wie die Sau die lieben Kätzchen frisst,
die ich verlassnes Weib noch voller Furcht umfange.
Ich bin den Lügen gram; ich suche keinen Zwist,
nein, ehrlich, ehrlich währet lange.“
Nachdem sie das gesagt und mit verstelltem Sinn
den Argwohn gleich erweckt, auf den ihr Reden zielte,
so schlich die arme Frau stracks zu der Bache hin,
die unten ihre Wochen hielte.
„Ach, allerliebste Nachbarin,
Euch ahnt‘s wohl nimmermehr, warum ich traurig bin.
Die Kinder jammern mich, die Eure Brüste saugen.

Man traue keinen Adleraugen!
Könnt Ihr auch schweigen? Gebt doch Acht,
wie über uns der böse Vogel wacht.
Ich weiß es nur zu wohl, er schärfet schon die Klauen
und raubet, wenn Ihr Euch aus Eurem Lager macht,
die schönen Kinderchen; doch alles im Vertrauen.
Nur sagt mir nicht hernach: Das hätt' ich nicht gedacht!"
Dies wiederholt sie oft, wünscht seufzend gute Nacht
und klettert in ihr Loch zurücke
und freut sich der gelungnen Tücke.
Der Adler hütet stets das Nest,
damit der Bache Wut nicht seine Jungen spieße,
wie gegenteils die Sau die Eiche nicht verlässt,
damit der Adler nicht auf ihre Ferkel schieße.
So groß nun beider Mangel war,
so fürchteten sie doch der ihrigen Gefahr,
und, da sie jederzeit in ihrer Wohnung blieben,
wo jedem Kost und Ätzung fehlt,
so wurden auch, wie Phädrus uns erzählt,
sie insgesamt vom Hunger aufgerieben
und die Betrognen dienten bald
dem falschen Katzenmaul zum neuen Unterhalt.

Was können böse Zungen nicht
Leichtgläubigen für Stacheln hinterlassen?
Was richten sie nicht an! Wer ist wohl mehr zu hassen,
als der von Frommen übel spricht?
Oh, könnt' ich dieses hier in kurze Worte fassen!
Doch hat nicht Sirach Recht, der ungeheuchelt schrieb:
Wer lüget, wer verleumdet, ist ärger als ein Dieb.

Der Adler und der Fuchs

Nach Äsop

Ein Adler hatte seinen Horst auf einer hohen Eiche und der Fuchs hatte seinen Bau am Fuße derselben. Mit der Zeit freundeten sich Adler und Fuchs miteinander an. Aber ach, wie wenig aufrichtig war diese Freundschaft! Eines Abends ging der Fuchs auf die Jagd. Der Adler aber, der den ganzen Tag über nichts erbeutet hatte und mit seinen Jungen hungerte, nutzte die Abwesenheit des Fuchses, stürzte sich auf dessen kleine Füchschen, trug einen nach dem anderen hoch in seinen Horst und verschlang sie mit seinen Jungen – was für ein leckeres Mahl! Kaum war der Fuchs zurückgekehrt, vermisste er auch schon seine Jungen und ahnte den schlimmen Frevel. Ergrimmt über die Verletzung der Freundschaft und getrieben von seinem Schmerz, stieß er eine Flut von Schmähungen aus gegen seinen früheren Freund, der nun sein heftigster Feind geworden war, und flehte den Zorn der Götter auf den Adler herab. Ruhig, mit höhnischer Miene, beobachtete der Adler den erbitterten Fuchs und ahnte nicht, dass die verdiente Strafe sehr bald folgen würde. In der Nachbarschaft wurde gerade ein Fest gefeiert und die Landleute opferten ihren Göttern. Als nach altem Brauch die Eingeweide angezündet wurden, flog der Adler hinzu, raubte ein Stück und trug es in sein Nest. Von ihm unbemerkt war aber etwas glimmende Asche daran hängen geblieben und schon fing der Adlerhorst Feuer. Da zudem gerade ein heftiger Sturm wütete, war das Nest bald von den Flammen verzehrt; die halb gebratenen Jungen fielen vom Baum herab und der Fuchs verzehrte sie genüsslich vor den Augen des Adlers.

Merke: Der Verbrecher bekommt seinen Lohn.

Der Adler und der Uhu

Von Johann Wilhelm Ludwig Gleim

König Adler hatt‘ einmal
einen Uhu zum Minister.
„Lieber Alter“, fragt‘ er ihn,
„welcher Meinung ist Er:
Dulden wir die Nachtigall,
die nichts kann, als singen?“
„Jeden, welcher sonst nichts kann,
rat‘ ich umzubringen!“
Diesem Blutrat, ausgeführt,
folgte dumpfes Ächzen
und im Lande hörte man
nur noch Raben krächzen!

Der Adler und die Dohle

Nach Äsop

Ein Adler stürzte sich hoch aus der Luft auf ein Lamm, fasste es mit seinen Krallen und trug es mit Leichtigkeit davon. Eine Dohle hatte dies mitangesehen und da sie sich ebenso stark glaubte wie der Adler, flog sie auf einen Widder zu. Aber vergeblich bemühte sie sich, ihn fortzubringen, sie verwickelte sich in die Wolle und konnte nun auch nicht wieder davonfliegen. Als der Hirte sie zappeln sah, haschte er sie, beschnitt ihr die Flügel und nahm sie seinen Kindern zum Spielzeug mit. „Ei! Ei!“, riefen hocherfreut die Knaben, „wie nennt man diesen Vogel?“ „Vor einer Stunde noch“, antwortete der Vater, „hielt er sich für einen Adler, musste aber bald einsehen, dass er nur eine elende Dohle ist.“

Wage dich nicht an Dinge, die deine Kräfte übersteigen; es gibt sonst zum Schaden noch Spott.

Der Adler und die Eule

Von Gotthold Ephraim Lessing

Der Adler Jupiters und Pallas Eule stritten:
„Abscheulich Nachtgespenst!“
„Bescheidner, darf ich bitten!
Der Himmel heget mich und dich;
was bist du also mehr als ich?“
Der Adler sprach: „Wahr ist’s, im Himmel sind wir beide;
doch mit dem Unterscheide:
Ich kam durch eignen Flug,
wohin dich deine Göttin trug!“

Der Adler und die Lerche

Von Johann Wilhelm Ludwig Gleim

Ein Alpen-Adler traf auf seiner Sonnenbahn
die kleine Lerche schwebend an
und hörte sie
die schönste Melodie
dem stillen Himmel singen.
Die ausgebreiteten und eilgewohnten Schwingen
verweilten sich, langsamer ward der Flug,
und still die Luft, die ihren König trug.
„Sitz auf!“, spricht er, „du Sängerin, ich werde
dich in den Himmel tragen,
mein Fittich sei dein Wagen!“
„Nein“, sagte sie, „ich singe
dem Schöpfer aller Dinge
hienieden an der Erde,
nach einer höhern Sphäre
flieg du, zu seiner Ehre!“

Der Adler und die Schildkröte
Nach Äsop

Eine Schildkröte bat einen Adler, ihr Unterricht im Fliegen zu geben. Der Adler versuchte es ihr auszureden, aber je mehr er sich bemühte, ihr das Törichte ihres Wunsches klarzumachen, desto mehr beharrte sie darauf. Ihrer dringenden Bitten müde, nahm der Adler sie endlich mit in die Luft und ließ sie ungefähr turmhoch herabstürzen; zerschmettert lag sie auf der Erde und musste so ihre Torheit büßen.

Trachte nicht nach Dingen, die die Natur dir versagt hat; was die Natur versagt, kann niemand geben.

Der Affe
Von Christian Fürchtegott Gellert

Ein Affe sah ein Paar geschickte Knaben
im Brett einmal die Dame ziehn
und sah auf jeden Platz, den sie dem Steine gaben,
mit einer Achtsamkeit, die stolz zu sagen schien,
als könnt‘ er selbst die Dame ziehn.
Er legte bald sein Missvergnügen,
bald seinen Beifall an den Tag;
er schüttelte den Kopf itzt bei des einen Zügen
und billigte darauf des andern seinen Schlag.
Der eine, der gern siegen wollte,
sann einmal lange nach, um recht geschickt zu ziehn;
der Affe stieß darauf an ihn
und nickte, dass er machen sollte.
„Doch welchen Stein soll ich denn ziehn,
wenn du‘s so gut verstehst?“, sprach der erzürnte Knabe.
„Den, jenen oder diesen da,
auf welchem ich den Finger habe?“
Der Affe lächelte, dass er sich fragen sah,
und sprach zu jedem Stein mit einem Nicken: „Ja.“

Um deren Weisheit zu ergründen,
die tun, als ob sie das, was du verstehst, verstünden,
so frage sie um Rat. Sind sie mit ihrem Ja
bei deinen Fragen hurtig da,
so kannst du mathematisch schließen,
dass sie nicht das Geringste wissen.

Der alte Bär auf der Tanne

Von Johann Heinrich Pestalozzi

„Nun, wann willst du uns einst ins Honigland führen?“, sagte eine Schar junger Bären zu einem alten. Dieser erwiderte: „Das will ich gleich tun, aber vorher sollt ihr noch sehen und erkennen, was ich für ein Bär bin. Seht diese Tanne; so weit sie geschunden ist, haben sie vorher schon andere Bären erklommen, ich aber will ihren obersten Gipfel erklimmen.“ Also sprach er und kletterte die hohe Tanne hinan. So weit sie geschunden war, ging es wie nichts, aber da er höher kam, schwankte der Baum mit jedem Schritte mehr auf beide Seiten. Doch er strengte sich an und klammerte die wunden Tatzen in den schwankenden Baum. So ging es langsam, doch eine Weile immer höher hinan. Aber jetzt wehte der Sturm; der Bär bohrt seine blutenden Klauen mit äußerster Kraft in den schwankenden Baum. Also überlebt er den Sturm; aber seine Kraft ist dahin; er kann die eingebohrten Klauen nicht mehr aus dem erklimmten Holz herausbringen; er fühlt, dass sein Leben dahin ist, und ruft von seiner Höhe hinab den jammernden Jungen: „Meine große Tat ist mein Tod; ich führe euch nicht ins Honigland, aber das seht ihr und das könnt ihr zeugen, dass ich auf dieser Tanne als der allerhöchste Bär verstorben bin.“

Ich hätte nicht geglaubt, dass alte Bären solche großen menschlichen Schwachheiten haben könnten; aber ein wildes, ohne Unglück überstandenes Kraft- und Gewaltleben führt, scheint es, auch alte Bären in ihren letzten Tagen zu Narrheiten, die denen gleich sind, deren sich oft alte Menschen schuldig machen, welche durch ihr Leben mehr scheinen wollten, als sie wirklich waren.

Der alte Esel

Von Johann Wilhelm Ludwig Gleim

Ein alter Esel ging, belastet mit dem Mehle
des Müllers, seines Herrn, starrfüßig nach der Stadt,
empfindend, dass es ihm an Jugendkräften fehle.
Sein Herr ging hinter ihm!
„Ich bin“, schrie er, „zu matt.
Gebt mir ein wenig Mehl zur Stärkung!“
Derbe Schläge gab ihm sein strenger Herr!
Der allzu schweren Last
erlag das arme Tier und starb auf halbem Wege!
Wie mit dem Esel hier der Müller, also fast
macht‘s unser Junker mit dem Bauer!
Er sieht‘s! Die Arbeit wird dem alten Dienstmann sauer,
er mindert ihm die Arbeit nicht;
er denkt an keine Menschenpflicht!

Der alte Löwe und der Fuchs

Nach Äsop

Ein Löwe lag alt und schwach in seiner Höhle und war nicht mehr fähig, selbst auf die Jagd zu gehen. Er wäre elend zu Grunde gegangen. Doch in seiner Not ließ er in seinem Reich die Botschaft von seinem nahen Tode verbreiten und allen Untertanen befehlen, an den königlichen Hof zu kommen. Er wolle von jedem persönlich Abschied nehmen. Nacheinander trudelten die Tiere vor der Höhle des Löwen ein und der König der Tiere rief jeden zu sich. Mit kleinen Geschenken gingen sie einzeln zu ihm hinein, denn sie erhofften sich alle großen Vorteil davon. Ein gerissener Fuchs hatte eine Zeit lang in der Nähe der Höhle verbracht und das Kommen beobachtet. „Seltsam“, dachte er, „alle Tiere gehen in die Höhle hinein, aber niemand kehrt daraus zurück. Die Burg des Königs ist zwar geräumig, so groß ist sie nun auch nicht, dass sie alle Untertanen aufnehmen kann. Eigentlich müsste sie schon lange überfüllt sein.“ Vorsichtig trat der Fuchs vor den Eingang und rief höflich: „Herr König, ich wünsche Euch ewige Gesundheit und einen guten Abend.“ „Ha, Rotpelz, du kommst sehr spät“, ächzte der Löwe, als läge er wirklich schon in den letzten Zügen, „hättest du noch einen Tag länger gezögert, so wärest du nur noch einem toten König begegnet. Sei mir trotzdem herzlich willkommen und erleichtere mir meine letzten Stunden mit deinen heitern Geschichten.“ „Seid Ihr denn allein?“, erkundigte der Fuchs sich mit gespieltem Erstaunen. Der Löwe antwortete grimmig: „Bisher kamen schon einige meiner Untertanen, aber sie haben mich alle gelangweilt, darum habe ich sie wieder fortgeschickt. Jedoch du, Rotpelz, bist lustig und immer voll pfiffiger Einfälle. Tritt näher, ich befehle es dir.“ „Edler König“, sprach der Fuchs demütig, „Ihr gebt mir ein schweres Rätsel auf. Unzählige Spuren im Sand führen in Eure Burg hinein, aber keine einzige wieder heraus und Eure Festung hat nur einen Eingang. Mein Gebieter, Ihr seid mir zu klug. Ich will Euch nicht mit meiner Dummheit beleidigen und lieber wieder fortgehen. Eines aber will ich für Euch tun, ich werde dieses Rätsel für mich behalten.“ Der Fuchs verabschiedete sich und ließ den Löwen allein.

Der alte Sperling

Von Novalis

„Schämt ihr euch nicht?“, rief ein alter Sperling seinen Jungen zu, die mit munteren Weibchen tändelten und kosten. „Fühlt ihr nicht, dass dieses unanständig und erniedrigend ist? Ihr verschmäht die Weisheit, die unsre Seele zu den Unsterblichen hebt!“ „Bleib du bei deiner Weisheit“, riefen ihm die losen Jungen zu, „und lass uns jetzt genießen; wenn wir so alt sind wie du, so wollen wir auch aus Unvermögen uns zur Weisheit begeben und über Liebe und Freuden philosophieren.“

Der alte Sultan

Von dne Brüdern Grimm

Es hatte ein Bauer einen treuen Hund, der Sultan hieß, der war alt geworden und hatte alle Zähne verloren, sodass er nichts mehr fest packen konnte. Zu einer Zeit stand der Bauer mit seiner Frau vor der Haustüre und sprach: „Den alten Sultan schieß ich morgen tot, der ist zu nichts mehr nütze." Die Frau, die Mitleid mit dem treuen Tiere hatte, antwortete: „Da er uns so lange Jahre gedient hat und ehrlich bei uns gehalten, so könnten wir ihm wohl das Gnadenbrot geben." „Ei was", sagte der Mann, „du bist nicht recht gescheit; er hat keinen Zahn mehr im Maul und kein Dieb fürchtet sich vor ihm, er kann jetzt abgehen. Hat er uns gedient, so hat er sein gutes Fressen dafür gekriegt."

Der arme Hund, der nicht weit davon in der Sonne ausgestreckt lag, hatte alles mitangehört und war traurig, dass morgen sein letzter Tag sein sollte. Er hatte einen guten Freund, das war der Wolf, zu dem schlich er abends hinaus in den Wald und klagte über das Schicksal, das ihm bevorstände. „Höre, Gevatter", sagte der Wolf, „sei guten Mutes, ich will dir aus deiner Not helfen. Ich habe etwas ausgedacht. Morgen in aller Frühe geht dein Herr mit seiner Frau ins Heu und sie nehmen ihr kleines Kind mit, weil niemand im Hause zurückbleibt. Sie pflegen das Kind während der Arbeit hinter die Hecke in den Schatten zu legen. Lege dich daneben, gleich als wolltest du es bewachen. Ich will dann aus dem Walde herauskommen und das Kind rauben, du musst mir eifrig nachspringen, als wolltest du mir es wieder abjagen. Ich lasse es fallen und du bringst es den Eltern wieder zurück, die glauben dann, du hättest es gerettet, und sind viel zu dankbar, als dass sie dir ein Leid antun sollten; im Gegenteil, du kommst in völlige Gnade und sie werden es dir an nichts mehr fehlen lassen."

Der Anschlag gefiel dem Hund und wie er ausgedacht war, so ward er auch ausgeführt. Der Vater schrie, als er den Wolf mit seinem Kinde durchs Feld laufen sah, als es aber der alte Sultan zurückbrachte, da war er froh, streichelte ihn und sagte: „Dir soll kein Härchen gekrümmt werden, du sollst das Gnadenbrot essen, solange du lebst." Zu seiner Frau aber sprach er: „Geh gleich heim und koche dem alten Sultan einen Brei, den braucht er nicht zu beißen, und bring das Kopfkissen aus meinem Bette, das schenk ich ihm zu seinem Lager." Von nun an hatte es der alte Sultan so gut, als er sich's nur wünschen konnte. Bald hernach besuchte ihn der Wolf und freute sich, dass alles so wohl gelungen war. „Aber, Gevatter", sagte er, „du wirst doch ein Auge zudrücken, wenn ich bei Gelegenheit deinem Herrn ein fettes Schaf weghole. Es wird einem heutzutage schwer, sich durchzuschlagen." „Darauf rechne nicht", antwortete der Hund, „meinem Herrn bleibe ich treu, das darf ich nicht zugeben!" Der Wolf meinte, das wäre nicht im Ernst gesprochen, kam in der Nacht herangeschlichen und wollte sich das Schaf holen. Aber der Bauer, dem der treue Sultan das Vorhaben des Wolfes verraten hatte, passte auf und kämmte ihm mit dem Dreschflegel garstig die Haare. Der Wolf musste ausreißen, schrie aber dem Hund zu: „Wart, du schlechter Geselle, dafür sollst du büßen!" Am andern Morgen schickte der Wolf das Schwein und ließ den Hund hinaus in den Wald fordern, da wollten sie ihre Sache ausmachen. Der alte Sultan konnte keinen Beistand finden als eine Katze, die nur drei Beine hatte, und als sie zusammen hinausgingen, humpelte die arme Katze daher und streckte zugleich vor Schmerz den Schwanz in die Höhe. Der Wolf und sein Beistand waren schon an Ort und Stelle, als sie aber ihren Gegner daherkommen sahen, meinten sie, er führte einen Säbel mit sich, weil sie den aufgerichteten Schwanz der Katze dafür ansahen. Und wenn das arme Tier so auf drei Beinen hüpfte, dachten sie nichts anders, als es höbe jedes Mal einen Stein auf, wollte damit auf sie werfen. Da ward ihnen beiden angst: Das wilde Schwein verkroch sich ins Laub und der Wolf sprang auf einen Baum. Der Hund und die Katze, als sie herankamen, wunderten sich, dass sich niemand sehen ließ. Das wilde Schwein aber hatte sich im Laub nicht ganz verstecken können, sondern die Ohren ragten noch heraus. Während die Katze sich bedächtig umschaute, wackelte das Schwein mit den Ohren; die Katze, welche meinte, es regte sich da eine Maus, sprang darauf zu und biss herzhaft hinein. Da erhob sich das Schwein mit großem Geschrei, lief fort und rief: „Dort auf dem Baum, da sitzt der Schuldige." Der Hund und die Katze schauten hinauf und erblickten den Wolf, der schämte sich, dass er sich so furchtsam gezeigt hatte, und nahm von dem Hund den Frieden an.

Der Bär

Von Novalis

„Wohin, Gevatter Bär?", sprach ein Wolf zu einem wandernden Bären. „Ich suche mir eine andere Wohnung", antwortete er. „Du hattest ja aber eine schöne, geräumige Höhle, warum verlässt du sie?" „Der Löwe machte Ansprüche an dieselbe und ging an den Senat der Tiere." „Da brauchtest du dich nicht zu fürchten, du hattest ja eine gerechte Sache." „Gegen Könige ist jede Sache ungerecht, Gevatter Wolf."

Der Bär und der Liebhaber seines Gartens

Von Friedrich von Hagedorn

Ein unerfahrner Bär voll wilder Traurigkeit,
den in den dicksten Wald sein Eigensinn verstecket,
vertrieb, unausgeforscht, durch Klipp' und Berg gedecket,
wie ein Bellerophon die Zeit.
Hier sträubet sich der Petz; er liebt nur diese Kluft,
und meidet stets die Spur der Bären, seiner Brüder.
Mit Brummen wälzt er sich im Felsen auf und nieder,
sein schwaches Haupt scheut freie Luft.
Dies macht ihn ganz verwirrt. Ihm gleicht vielleicht die Zunft
der Weisen dunkler Art, der steifen Sonderlinge,
die fliehen Licht und Welt und haschen Wunderdinge,
nur nicht die Gabe der Vernunft.
Einst, als er saugend sinnt, wird ihm sein Lebenslauf
(wenn das ein Leben ist) auf einmal sehr verdrießlich.
Er will gesellig sein; dies hält er für ersprießlich,
und kurz: Er macht sich taumelnd auf.
Wohin? Das weiß er nicht. Das Glück mag Führer sein,
das Glück, der Toren Witz. Nicht weit von seiner Höhle
lebt' ein bejahrter Mann mit unerweckter Seele,
fast wie der Petz, stumm und allein.
Auch der sucht keinen Scherz, der andern artig scheint.
Was Herbst und Sommer zollt, des grünen Frühlings Gaben
vergnügen seinen Fleiß. Ich müsst' ein Mehrers haben.
Was aber? Einen klugen Freund.
Der Floren bunter Schmelz entzücket das Gesicht,
Pomonens Überfluss kann tausend Freude machen,
man darf mit Blum' und Frucht vertraulich reden, lachen,
doch nur in Fabeln: weiter nicht.
Nicht wahr? Die Einsamkeit ist nicht auf ewig schön.
Unmitgeteilte Lust muss Überdruss erwecken,
der bringt den Greis ins Feld, um Menschen zu entdecken.
Mein Timon wird zum Diogen.
Er wandert nach dem Forst; hier irrt er hin und her,
und misst und sucht die Bahn auf unbekanntem Stege.
Zuletzt begegnet ihm, in einem hohlen Wege,
ein andrer Eremit, der Bär.
Er stutzt. Was soll er tun? Zur Flucht ist keine Spur.
Er fasset sich; hält Stand: das wird gut aufgenommen.
Petz sieht ihn gnädig an und spricht. „Mein Freund, willkommen,
besuche mich und eile nur."

Der Greis versetzt gebückt: „Die Gunst verpflichtet mich.
Oh, würde mir's erlaubt, in meinem nahen Garten
mit einem schlechten Mahl gehorsamst aufzuwarten!
Der Vorzug wäre königlich.
Ich habe Milch und Obst; zwar weiß ich gar zu wohl,
die Kost ist ziemlich schmal für euch, ihr Herren Bären;
ihr Großen dieser Welt, ihr könnet besser zehren:
Doch auch mein Honigtopf ist voll."
Der Vorschlag wird beliebt; noch zeigt sich nicht das Haus,
da die Bekanntschaft schon recht preislich angegangen.
Es will sogar der Bär den neuen Freund umfangen,
doch der bedankt sich und weicht aus.
Bald haben diese zwei den schönsten Bund gemacht.
Sie bleiben ungetrennt und werden Hausgenossen.
Der eine pflanzet, impft und wartet seiner Sprossen,
der andre legt sich auf die Jagd.
Unwissenheit und Ernst schließt öfters beider Mund,
es nährt sich ihre Treu durch beider stumme Blicke.
Man machet sich die Lust aus diesem Eintrachtglücke,
einsilbig, auch nur selten kund.
Petz kehret einmal heim, da schlummert sein Orest
zur schwülen Mittagszeit. Er gehet bei ihm liegen,
bewacht den Schlafenden, zerstreut den Schwarm der Fliegen,
der seinen Wirt nicht ruhen lässt.
Er schnappt, fängt, scheuchet, lauscht, gafft nach dem Alten hin
und sieht auf dessen Stirn sich eine Raupe regen.
„Ha!", brummt er, „dir will ich das Handwerk zeitig legen!
Geschmeiße, wisst ihr, wer ich bin?"
Er holt den größten Stein und, weil er's treulich meint,
so muss durch einen Wurf so Raup' als Greis erkalten.
Fürwahr, den klugen Feind muss man für schädlich halten,
doch ja so sehr den dummen Freund.

Der Bauer und die Schlange

Von Friedrich von Hagedorn

Ein Ackersmann fand eine Schlange,
die fast erstarrt vor Kälte war.
Sein Arm entriss sie der Gefahr
und ihrem nahen Untergange.
Er nahm sie mit sich in sein Haus
und sucht' ihr einen Winkel aus,
wo noch ein Rest von Reisern glühte.
Doch als ihr Frost und Not entwich,
erholte, regt' und hub sie sich
und lohnte dem mit Biss und Stich,
den ihre Rettung so bemühte.
Betrogne Huld und Zärtlichkeit,
die Frevlern blindlings Hilfe beut!
Hier folgt der Schaden stets der Güte.

Der Eber und der Fuchs

Nach Äsop

Ein Fuchs sah einen Eber seine Hauer an einem Eichstamme wetzen und fragte ihn, was er da mache, da er doch keine Not, keinen Feind vor sich sehe. „Wohl wahr", antwortete der Eber, „aber gerade deswegen rüste ich mich zum Streit; denn wenn der Feind da ist, dann ist es Zeit zum Kampf und keine Zeit mehr zum Zähnewetzen."

Bereite dich im Glück auf das künftige Unglück; sammle und rüste in guten Tagen auf die schlimmeren.

Der Elefant und die Maus

Von Johann Wilhelm Ludwig Gleim

Ein Elefant und eine Maus
besprachen sich von ihrer Größe.
„Ha!“, sprach der Elefant, „ich messe
dich ja so leicht mit meinem Rüssel aus!“
„Und ich“, antwortete die Maus,
„hab einen kleinen Zahn und fresse
mich ja so leicht in eines Königs Haus:
Die Größe macht es oft nicht aus!

Der Esel auf Probe

Nach Äsop

Ein Mann kaufte einen Esel, aber nicht gleich endgültig, sondern er machte eine Probezeit aus. Als er mit ihm auf seinen Hof kam, wo schon mehrere Esel teils bei der Arbeit, teils bei der Abfütterung waren, ließ er ihn frei laufen. Sogleich trottete der neue Esel zu dem faulsten und gefräßigsten Gefährten und stellte sich zu ihm an die Futterkrippe. Da legte ihm der Mann den Strick wieder um den Hals und brachte ihn dem bisherigen Besitzer zurück. „So schnell kannst du ihn doch gar nicht erprobt haben“, wunderte sich der. „O, mir genügt, was ich gesehen und erfahren habe: Nach der Gesellschaft, die er sich ausgesucht hat, ist er ein übler Bursche!“

Zeige mir deine Freunde und ich sage dir, wer du bist!

Der Esel, der Rabe und der Hirt

Nach Äsop

Auf einer Wiese weidete ein Esel, der sich den Rücken wund geschunden hatte. Dies sah ein Rabe, flog auf den Esel zu, setzte sich auf dessen Rücken und fing an, mit dem Schnabel in das rohe Fleisch zu picken. Dies schmerzte den Esel sehr und obgleich er sich bemühte, den lästigen Gast loszuwerden, gelang es ihm nicht. Wenige Schritte davon lag der Hirte, der mit einem Wort den Raben hätte vertreiben können. Der aber ergötzte sich an den tollen und possierlichen Sprüngen und Gesichtern, welche der Esel von Schmerz getrieben machte, und lachte laut dazu. „Oh!“, rief der Esel aus, „jetzt fühle ich wirklich meine Schmerzen doppelt, weil mich auch der verlacht, der mir helfen könnte und sollte.“

Statt Hilfe Hohn zum Schaden schmerzt doppelt.

Der Esel und das Pferd

Nach Äsop

Ein Esel, der nach der größten Anstrengung nicht einmal Streu genug erhielt, um seinen Hunger zu stillen, und unter seiner schweren Bürde kaum noch fortkriechen konnte, hielt ein schönes, prächtig geschmücktes Pferd für glücklich, weil es so gut und im Überfluss gefüttert würde. Ach, wie sehr wünschte er, mit diesem Tiere tauschen zu können. Allein nach einigen Monaten erblickte er dasselbe Pferd lahm und abgezehrt an einem Karren. „Ist dies Zauberei?“, fragte er. „Beinahe“, antwortete traurig das Pferd, „eine Kugel traf mich, mein Herr stürzte mit mir und verkaufte mich zum Dank um ein Spottgeld. Lahm und kraftlos, wie ich jetzt bin, wirst du mich gewiss nicht mehr beneiden und mit mir tauschen wollen.“

Wie oft das größte Glück zerstört ein Augenblick!

Der Esel und der Fuchs

Nach Äsop

Ein Esel und ein Fuchs lebten lange freundschaftlich zusammen und gingen auch miteinander auf die Jagd. Auf einem ihrer Streifzüge kam ihnen ein Löwe so plötzlich in den Weg, dass der Fuchs fürchtete, er könne nicht mehr entfliehen. Da bediente er sich einer List. Mit gekünstelter Freundlichkeit sprach er zum Löwen: „Ich fürchte mich nicht vor dir, großmütiger König! Kann ich dir aber mit dem Fleische meines dummen Gefährten dienen, so brauchst du nur zu befehlen." Der Löwe versprach ihm Schonung und der Fuchs führte den Esel in eine Grube, in der er sich fing. Brüllend eilte nun der Löwe auf den Fuchs zu und ergriff ihn mit den Worten: „Der Esel ist mir gewiss, aber dich zerreiße ich wegen deiner Falschheit zuerst."

Den Verrat benutzt man wohl, aber den Verräter liebt man doch nicht.

Der Esel und die Ziege

Nach Äsop

Ein Bauer hatte einen Esel und eine Ziege. Weil nun der Esel sehr viel arbeiten und große Lasten tragen musste, erhielt er ein reichlicheres und besseres Futter als die Ziege. Diese beneidete den Esel und um ihn um die bessere Kost zu bringen oder ihm doch wenigstens Schläge einzutragen, sprach sie eines Tages zu ihm: „Höre, lieber Freund! Oft schon habe ich dich von Herzen bedauert, dass du Tag für Tag die schwersten Lasten tragen und vom Morgen bis zum Abend arbeiten musst; ich möchte dir wohl einen guten Rat geben." „Warum nicht?", sagte der Esel, „ich bitte dich sogar darum!" „Nun, so höre: Wenn du an eine Grube kommst, so stürze dich hinein, stelle dich verletzt und dann wirst du längere Zeit Ruhe haben und nichts arbeiten dürfen." Dem Esel schien dies als ein guter Vorschlag und kaum war er anderntags mit einer Last bei einer Grube angekommen, als er ihn auch schon befolgte. Wie aus Zufall trat er fehl und stürzte hinein. Aber so hatte er sich das nicht gedacht! Halb tot lag er da und dass er sich nicht ein Bein gebrochen, war ein Glück. Ganz geschunden wurde er herausgeholt und konnte sich kaum nach Hause schleppen. Sein Herr hatte nichts Eiligeres zu tun, als nach einem Vieharzt zu schicken, der dann verordnete, der Kranke solle eine frische, pulverisierte Ziegenlunge einnehmen. Da dem Herrn der Esel mehr wert war als die Ziege, ließ er diese sofort schlachten, um den Esel zu retten. So büßte die Ziege für ihren bösen Rat mit dem Leben.

Die Folgen des Neides gereichen nicht selten dem Neider selbst zum Verderben.

Der Fischreiher

Von Johann Wilhelm Ludwig Gleim

Am Ufer eines Bachs auf einer Wiese ging
ein Reiher ernsthaft hin auf langen, dürren Beinen,
mit langem Hals, woran ein langer Schnabel hing.
Des Baches Wasser floss auf harten Kieselsteinen,
durchsichtiger als ein Kristall,
bergab mit angenehmem Schall
und stand dann wieder tief. Vom Himmel ohne Wolke
fiel warmer Sonnenstrahl
auf seine Fläche, drang zum kalten Wasservolke
lockt‘ es herauf, in Haufen ohne Zahl,
es letzte sich, war guter Dinge,
und machte tausend krumme Sprünge
am warmen Sonnenstrahl.
„Herr Reiher, wie so faul? Du schnappest nicht einmal
mit deinem langen Schnabel zu
und holst dir einen Hecht? Du zauderst? Wartest du
auf einen Karpfen? Ei! Wie wird es dir gereun,
wenn du wirst schnappen wollen, dann wird kein Hecht mehr sein!“
Wie ernsthaft stehet er! Wie still!
Wie drehet er den Hals, den er nicht brauchen will!
Freund von gesunder Mäßigkeit,
besinnt er sich und denkt: „Es ist noch Zeit.
Stets essen ist gemeiner Vögel Weise!“
Bald aber hungert ihn und nun sieht er sich um
nach Karpfen oder Hecht,
allein, verschwunden ist das ganze Fischgeschlecht.
Nur Schleie schwimmen noch, allein er ist nicht dumm,
er hat Geschmack. Schlei ist zu schlechte Speise
für eines Reihers Mund. Er lässt sie ziehn
und, immer mehr noch, hungert ihn.
Er geht vom Ufer ab und watet in den Bach.
Gründlinge trifft er an, fragt aber nichts danach,
er lasset sie in Frieden schwimmen, spricht:
„Gründlinge fressen Reiher nicht.
Danach den Schnabel aufzutun,
das wäre Schimpf für einen Leckermund.“
Er sagt es und es geht, was Fisch ist, auf den Grund.
Nicht einer lässt sich sehn. Ei, Leckermund, wie nun?
Nachdem er lang umsonst gesuchet und geschnappt,
wird, mit genauer Not, ein Frosch von ihm ertappt.

Der Fuchs

Von Novalis

„Hast du die Satire gelesen, die der Löwe auf dich gemacht hat?“, fragte der Wolf den Fuchs. „Antworte ihm, wie sich‘s gebührt.“ „Gelesen hab ich sie, aber deinem Rate folg ich nicht“, sagte der Fuchs, „denn der Löwe könnte mir auf eine fürstliche Art antworten.“

Der Fuchs ohne Schwanz

Von Friedrich von Hagedorn

Reinike verwirrte sich
in die ihm gelegten Stricke
und, obwohl er selbst entwich,
ließ er doch den Schwanz zurücke.
Um nicht lächerlich zu sein,
predigt‘ er den Füchsen ein,
auch den ihren abzulegen.
Seine Hörer zu bewegen,
sprach er, als ein Cicero:
„Erstlich will‘s der Wohlstand so,
um sich zierlicher zu regen:
Denn man trabt damit zu schwer
und zu unbequem einher.
Zweitens macht ein Schweif zu kenntlich.
Drittens hält er in dem Lauf
oft den schnellsten Brandfuchs auf.
Viertens riecht er vielen schändlich.“
„Stumpfer Redner! Schweige du!“,
rief ein alter Fuchs ihm zu.
„Was du lehrest, wird verlachet.
Nur der Neid ist, was dich quält,
der den Vorzug, der ihm fehlt,
andern gern zuwider machet.“

Der Fuchs und das Pferd

Von den Brüdern Grimm

Es hatte ein Bauer ein treues Pferd, das war alt geworden und konnte keine Dienste mehr tun, da wollte ihm sein Herr nichts mehr zu fressen geben und sprach: „Brauchen kann ich dich freilich nicht mehr, indes mein ich es gut mit dir, zeigst du dich noch so stark, dass du mir einen Löwen hierherbringst, so will ich dich behalten, jetzt aber mach dich fort aus meinem Stall", und jagte es damit ins weite Feld. Das Pferd war traurig und ging nach dem Wald zu, dort ein wenig Schutz vor dem Wetter zu suchen. Da begegnete ihm der Fuchs und sprach: „Was hängst du so den Kopf und gehst so einsam herum?" „Ach", antwortete das Pferd, „Geiz und Treue wohnen nicht beisammen in einem Haus, mein Herr hat vergessen, was ich ihm für Dienste in so vielen Jahren geleistet habe, und weil ich nicht recht mehr ackern kann, will er mir kein Futter mehr geben und hat mich fortgejagt." „Ohne allen Trost?", fragte der Fuchs. „Der Trost war schlecht, er hat gesagt, wenn ich noch so stark wäre, dass ich ihm einen Löwen brächte, wollt' er mich behalten, aber er weiß wohl, dass ich das nicht vermag." Der Fuchs sprach: „Da will ich dir helfen, leg dich nur hin, strecke dich aus und rege dich nicht, als wärst du tot." Das Pferd tat, was der Fuchs verlangte, der Fuchs aber ging zum Löwen, der seine Höhle nicht weit davon hatte, und sprach: „Da draußen liegt ein totes Pferd, komm doch mit hinaus, da kannst du eine fette Mahlzeit halten." Der Löwe ging mit und wie sie bei dem Pferd standen, sprach der Fuchs: „Hier hast du's doch nicht nach deiner Gemächlichkeit, weißt du was? Ich will's mit dem Schweif an dich binden, so kannst du's in deine Höhle ziehen und in aller Ruhe verzehren." Dem Löwen gefiel der Rat, er stellte sich hin, und damit ihm der Fuchs das Pferd festknüpfen könnte, hielt er ganz still. Der Fuchs aber band mit des Pferdes Schweif dem Löwen die Beine zusammen und drehte und schnürte alles so wohl und stark, dass es mit keiner Kraft zu zerreißen war. Als er nun sein Werk vollendet hatte, klopfte er dem Pferd auf die Schulter und sprach: „Zieh, Schimmel, zieh!" Da sprang das Pferd mit einmal auf und zog den Löwen mit sich fort. Der Löwe fing an zu brüllen, dass die Vögel in dem ganzen Wald vor Schrecken aufflogen, aber das Pferd ließ ihn brüllen, zog und schleppte ihn über das Feld vor seines Herrn Tür. Wie der Herr das sah, besann er sich eines Bessern und sprach zu dem Pferd: „Du sollst bei mir bleiben und es gut haben", und gab ihm satt zu fressen, bis es starb.

Der Fuchs und der Esel

Nach Äsop

Ein Esel warf einmal eine Löwenhaut um sich her, lustwandelte mit stolzen Schritten im Wald und schrie sein „Ia Ia" aus allen Kräften, um die andern Tiere in Schrecken zu setzen. Alle erschraken auch, nur der Fuchs nicht. Dieser trat keck vor ihn hin und sprach höhnisch: „Mein Lieber, auch ich würde vor dir erschrecken, wenn ich dich nicht an deinem Ia erkannt hätte. Ein Esel bist und bleibst du!"

Mancher Einfältige in prächtigem Gewande gälte mehr, wenn er schwiege, denn: mit Schweigen sich niemand verrät.

Der Fuchs und der Hofhund

Von Johann Wilhelm Ludwig Gleim

In König Löwens Monarchie,
(Äsop und Phädrus kannten sie)
bestellen allemal die Erben,
wenn ihnen reiche Vettern sterben,
zum Lobredner den Fuchs.
Einst starb ein reicher Luchs,
da trat der Redner auf,
erzählte seinen Lebenslauf
und sprach:
„Bei diesem Trauerfalle
Leidtragende! – Sie wissen‘s alle,
was für ein Trost der Witwen und der Waisen
der war, den unsre Tränen preisen,
denn Tränen sind die besten Lobredner!
Ach, welch ein guter Luchs war er!
Mit Tränen in den Augen kam
der Arme stets in sein ihm offnes Haus,
mit Tränen ging er nie heraus.
Der allzu Gute nahm
die Lasten, die den Armen niederdrückten,
von seiner Schulter, Wort und Tat erquickten
des Armen Herz!
Gerecht ist darum unser Schmerz
und unsre heißen Tränen fließen
von unsern Wangen, wie ein Strom,
auf dessen Grab,
der so mitleidig und so fromm
der Welt ein Beispiel gab!“
Ein Hofhund stand auf beiden Hinterfüßen
und macht‘ ein hämisches Gesicht,
dem roten Redner sagend: „Fuchs,
ich bitte, lüge nicht!
Die Red‘ auf den wohlsel‘gen Luchs
hielt ja vor einem halben Jahr
ein Mensch auf einen Menschen; ja, fürwahr!
Ein Mensch hielt sie; ich hört‘ es und lief fort!
Warum? Er sprach kein wahres Wort!
Was lobt man doch die Schelme nach dem Tode?
Lass, Fuchs, den Menschen diese Mode!“

Der Fuchs und der Holzhacker

Nach Äsop

Ein vor Jägern fliehender Fuchs fand, nachdem er lange in der Wildnis herumgelaufen war, endlich einen Holzhacker und bat denselben inständig, ihn doch bei sich zu verbergen. Dieser zeigte ihm seine Hütte, worauf der Fuchs hineinging und sich in einem Winkel versteckte. Als die Jäger kamen und sich bei dem Manne erkundigten, so versicherte dieser zwar durch Worte, er wisse nichts, deutete aber mit der Hand nach dem Orte hin, wo der Fuchs versteckt war. Allein die Jäger hatten nicht darauf geachtet und entfernten sich sogleich wieder. Wie nun der Fuchs sie fortgehen sah, ging er wieder heraus, ohne etwas zu sagen, und als der Holzhacker ihm Vorwürfe machte, dass er ihm, durch den er doch gerettet worden sei, keinen Dank bezeuge, drehte sich der Fuchs nochmals um und sprach: „Ich wüsste dir gerne Dank, wenn die Werke deiner Hand und deine Gesinnung mit deinen Reden im Einklange ständen."

Misstraue denen, die zwar die Rechtschaffenheit im Munde führen, durch ihre Handlungen aber das Gegenteil an den Tag legen.

Der Fuchs und der Krebs

Von Ludwig Bechstein

Ein Krebs kroch aus seinem Bache hervor auf das grüne Gras einer Wiese, allda er sich gütlich tat. Da kam ein Fuchs daher, sah den Krebs langsam kriechen und sprach spöttisch zu ihm: „Herr Krebs, wie geht Ihr doch so gemächlich? Wer nahm Euch Eure Schnelligkeit? Oder wann gedenkt Ihr über die Wiese zu kommen? Aus Euerm Gange merke ich wohl, dass Ihr besser hinterrücks als vorwärts gehen könnt!“ Der Krebs war nicht dumm, er antwortete alsobald dem Fuchs: „Herr Fuchs, Ihr kennt meine Natur nicht. Ich bin edel und wert, ich bin schneller und leichter und laufe rascher als Ihr und Eure Art, und wer mir das nicht gönnt, den möge der Teufel riffeln. Herr Fuchs, wollt Ihr mit mir eine Wette laufen? Ich setze gleich ein Pfund zum Pfande!“ „Nichts wäre mir lieber“, sprach der Fuchs. „Wollt Ihr von Bern nach Basel laufen oder von Bremen nach Brabant?“ „O nein“, sprach der Krebs, „das Ziel wäre zu fern! Ich dächte, wir liefen eine halbe oder eine ganze Meile miteinander, das wird uns beiden nicht zu viel sein!“ „Eine Meile, eine Meile!“, schrie der Fuchs eifrig. Und der Krebs begann wieder: „Ich gebe Euch auch eine hübsche Vorgabe, ohne dass Ihr die annehmt, mag ich gar nicht laufen.“ „Und wie soll die Vorgabe sein?“, fragte der Fuchs. Der Krebs antwortete: „Gerade eine Fuchslänge soll sie beschaffen sein. Ihr tretet vor mich und ich trete hinter Euch, dass Eure Hinterfüße an meinen Kopf stoßen, und wenn ich sage: ‚Nun wohl hin!‘, so heben wir an zu laufen.“ Dem Fuchs gefiel die Rede wohl, er sagte: „Ich gehorche Euch in allen Stücken.“ Und da kehrte er dem Krebs sein Hinterteil zu, mit dem großen und starken, haarigen Schwanze, in den schlug der Krebs seine Scheren, ohne dass der Fuchs es merkte, und rief: „Nun wohl hin!“ Und da lief der Fuchs, wie er in seinem Leben noch nicht gelaufen war, dass ihm die Füße schmerzten, und als das Ziel erreicht war, so drehte er sich geschwind herum und schrie: „Wo ist nun der dumme Krebs? Wo seid Ihr? Ihr säumt gar zu lange!“ Der Krebs aber, der dem Ziele jetzt näher stand als der Fuchs, rief hinter ihm: „Herr Fuchs! Was will diese Rede sagen? Warum seid Ihr so langsam? Ich stehe schon eine hübsche Weile hier und warte auf Euch! Warum kommt Ihr so saumselig?“ Der Fuchs erschrak ordentlich und sprach: „Euch muss der Teufel aus der Hölle hergebracht haben!“, zahlte seine Wette, zog den Schwanz ein und strich von dannen.

Der Fuchs und der Kürschner

Von Josef Haltrich

Der Fuchs hing am Baum und der Kürschner zog ihm eben die Haut über die Ohren. „Was denkst du jetzt?“, fragte der Kürschner den Fuchs. „Ach, es hat alles einen Übergang!“, seufzte der Fuchs. „Nur das?“, fragte der Kürschner wieder. „O nein, noch etwas“, rief der Fuchs. „Ei, dass du doch hier hingest!“

Der Fuchs und der Storch

Nach Äsop

Ein Fuchs hatte einen Storch zu Gast und setzte ihm die leckersten Speisen vor, aber nur auf ganz flachen Schüsseln, aus denen der Storch mit seinem langen Schnabel nichts fressen konnte. Gierig fraß der Fuchs alles allein, obgleich er den Storch unaufhörlich bat, es sich doch schmecken zu lassen. Der Storch fand sich betrogen, blieb aber heiter, lobte außerordentlich die Bewirtung und bat seinen Freund auf den andern Tag zu Gast. Der Fuchs mochte wohl ahnen, dass der Storch sich rächen wollte, und wies die Einladung ab. Der Storch ließ aber nicht nach, ihn zu bitten und der Fuchs willigte endlich ein. Als er nun anderntags zum Storche kam, fand er alle möglichen Leckerbissen aufgetischt, aber nur in langhalsigen Geschirren. „Folge meinem Beispiel“, rief ihm der Storch zu, „tue, als wenn du zu Hause wärst.“ Und er schlürfte mit seinem Schnabel ebenfalls alles allein, während der Fuchs zu seinem größten Ärger nur das Äußere der Geschirre belecken konnte und nur das Riechen hatte. Hungrig stand er vom Tische auf und musste eingestehen, dass ihn der Storch für seinen Mutwillen hinlänglich gestraft habe.

Was du nicht willst, dass man dir tu, das füg auch keinem anderen zu.

Der Fuchs und der Wolf am Brunnen

Von Jean de La Fontaine

Es war eine klare Vollmondnacht. Ein Fuchs strolchte durchs Dorf und kam zu einem Ziehbrunnen. Als er hinunterblickte, traute er seinen Augen nicht: Da lag ein großer, runder, goldgelber Käse. Er kniff die Augen zu und öffnete sie wieder. Nein, es war kein Traum. Der Fuchs besann sich nicht lange, sprang in den Eimer, der über dem Brunnenrand schwebte, und abwärts ging die Fahrt. Ein zweiter Eimer schaukelte aus der Tiefe empor, an ihm vorbei. Unten angekommen, wollte der hungrige Fuchs sich sofort auf den fetten Käse stürzen. Aber was war denn das? Seine Nase stieß in eiskaltes Wasser, der Käse verformte sich und verschwand. Verblüfft starrte der Fuchs ins Dunkel und langsam kehrte der Käse unversehrt zurück. Jetzt begriff er seinen Irrtum. Wie konnte er nur so schwachköpfig handeln! Nun saß er in der Patsche. Er schaute zum Brunnen hinauf. Niemand war da, der ihn aus dem Schlamassel befreien konnte. Nur der Vollmond lächelte ihm hell und freundlich zu. Viele Stunden saß der Fuchs in dem kühlen, feuchten Eimer gefangen und schlotterte vor Kälte und Hunger. Da kam ein Wolf an dem Brunnen vorbei. Der Fuchs dachte: „Warum sollte dieser Nimmersatt klüger sein als ich?“ Und mit fröhlicher Stimme rief er ihm zu: „Schau, mein Freund, welch herrlichen Käseschmaus ich gefunden habe. Wenn du mein Versteck nicht verrätst, so darfst du zu mir herunterkommen und dir auch ein gutes Stück von meinem Käse abbrechen. Den Eimer dort oben habe ich für dich bereitgehalten, mit ihm kannst du zu mir herunterfahren.“ Der Wolf, der nie über Mangel an Hunger klagen konnte, leckte sich die Lippen und seine Augen traten hervor; der Käse, den der Fuchs entdeckt hatte, sah wirklich appetitlich aus. Ohne zu überlegen kletterte er in den Eimer und da er viel schwerer als der Fuchs war, sauste er hinab in die Tiefe und zog den Eimer mit dem Fuchs hinauf. Der Fuchs rettete sich sofort auf sicheren Boden und lachte sich eins ins Fäustchen. „Wohl bekomm‘s!“, rief er spöttisch und eilte davon.

Der Fuchs und der Ziegenbock

Von Jean de La Fontaine

Meister Reineke ging an einem heißen Sommertag mit seinem Freund, dem Ziegenbock, spazieren. Sie kamen an einem Brunnen vorbei, der nicht sehr tief war. Der muntere Bock kletterte sofort auf den Brunnenrand, blickte neugierig hinunter und sprang, ohne zu zögern, in das kühle Nass. Der Fuchs hörte ihn herumplatschen und genüsslich schlurfen. Da er selber sehr durstig war, folgte er dem Ziegenbock und trank sich satt. Dann sagte er zu seinem Freund: „Der Trunk war erquickend, ich fühle mich wie neugeboren. Doch nun rate mir, wie kommen wir aus diesem feuchten Gefängnis wieder heraus?“ „Dir wird schon etwas einfallen“, blökte der Bock zuversichtlich und rieb seine Hörner an der Brunnenwand. Das brachte den Fuchs auf eine Idee. „Stell dich auf deine Hinterbeine und stemme deine Vorderhufe fest gegen die Mauer“, forderte er den Ziegenbock auf, „ich werde versuchen, über deinen Rücken hinaufzugelangen.“ „Du bist wirklich schlau“, staunte der ahnungslose Bock, „das wäre mir niemals eingefallen.“ Er kletterte mit seinen Vorderfüßen die Brunnenwand empor, streckte seinen Körper, so gut er konnte, und erreichte so fast den Rand des Brunnens. „Kopf runter!“, rief der Fuchs ihm zu und schwupps, war er auch schon über den Rücken des Ziegenbocks ins Freie gelangt. „Bravo, Rotschwanz!“, lobte der Bock seinen Freund, „du bist nicht nur gescheit, sondern auch verteufelt geschickt.“ Doch plötzlich stutzte der Ziegenbock. „Und wie ziehst du mich nun heraus?“ Der Fuchs kicherte. „Hättest du nur halb so viel Verstand wie Haare in deinem Bart, du wärest nicht in den Brunnen gesprungen, ohne vorher zu bedenken, wie du wieder herauskommst. Jetzt hast du sicher Zeit genug dazu. Lebe wohl! Ich kann dir leider keine Gesellschaft leisten, denn auf mich warten wichtige Geschäfte.“

Der Fuchs und die Elster

Von Christian Fürchtegott Gellert

Zur Elster sprach der Fuchs: „O, wenn ich fragen mag,
was sprichst du doch den ganzen Tag?
Du sprichst wohl von besondern Dingen?“
„Die Wahrheit“, rief sie, „breit ich aus.
Was keines weiß herauszubringen,
bring ich durch meinen Fleiß heraus,
vom Adler bis zur Fledermaus.“
„Dürft‘ ich“, versetzt der Fuchs, „mit Bitten dich beschweren:
So wünscht‘ ich mir, etwas von deiner Kunst zu hören.“
So wie ein weiser Arzt, der auf der Bühne steht
und seine Künste rühmt, bald vor-, bald rückwärts geht,

ein seidnes Schnupftuch nimmt, sich räuspert, und dann spricht,
so lief die Elster auch den Ast bald auf, bald nieder,
und strich an einem Zweig den Schnabel hin und wider
und macht ein sehr gelehrt Gesicht.
Drauf fängt sie ernsthaft an und spricht:
„Ich diene gern mit meinen Gaben,
denn ich behalte nichts für mich.
Nicht wahr, Sie denken doch, dass Sie vier Füße haben?
Allein, Herr Fuchs, Sie irren sich.
Nur zugehört! Sie werden's finden,
denn ich beweis es gleich mit Gründen.
Ihr Fuß bewegt sich, wenn er geht,
und er bewegt sich nicht, solang er stille steht.
Doch merken Sie, was ich itzt sagen werde,
denn dieses ist es noch nicht ganz.
Sooft Ihr Fuß nur geht, so geht er auf der Erde.
Betrachten Sie nun Ihren Schwanz.
Sie sehen, wenn Ihr Fuß sich reget,
dass auch Ihr Schwanz sich mitbeweget,
itzt ist Ihr Fuß bald hier, bald dort,
und so geht auch Ihr Schwanz mit auf der Erde fort,
sooft Sie nach den Hühnern reisen.
Daraus zieh ich nunmehr den Schluss,
Ihr Schwanz, das sei Ihr fünfter Fuß.
Und dies, Herr Fuchs, war zu beweisen."

Ja, dieses hat uns noch gefehlt!
Wie freu ich mich, dass es bei Tieren
auch große Geister gibt, die alles demonstrieren!
Mir hat's der Fuchs für ganz gewiss erzählt.
„Je minder sie verstehn", sprach dieses schlaue Vieh,
„um desto mehr beweisen sie."

Der Fuchs und die Gänse

Von den Brüdern Grimm

Der Fuchs kam einmal auf eine Wiese, wo eine Herde schöner, fetter Gänse saß, da lachte er und sprach: „Ich komme ja wie gerufen, ihr sitzt hübsch beisammen, so kann ich eine nach der andern auffressen." Die Gänse gackerten vor Schrecken, sprangen auf, fingen an zu jammern und kläglich um ihr Leben zu bitten. Der Fuchs aber wollte auf nichts hören und sprach: „Da ist keine Gnade, ihr müsst sterben." Endlich nahm sich eine das Herz und sagte: „Sollen wir armen Gänse doch einmal unser jung frisch Leben lassen, so erzeige uns die einzige Gnade und erlaub uns noch ein Gebet, damit wir nicht in unsern Sünden sterben. Hernach wollen wir uns auch in eine Reihe stellen, damit du dir immer die Fetteste aussuchen kannst." „Ja", sagte der Fuchs, „das ist billig und ist eine fromme Bitte. Betet, ich will so lange warten." Also fing die Erste ein recht langes Gebet an, immer „Ga! Ga!" und weil sie gar nicht aufhören wollte, wartete die Zweite nicht, bis die Reihe an sie kam, sondern fing auch an: „Ga! Ga!" Die Dritte und Vierte folgten ihr und bald gackerten sie alle zusammen. (Und wenn sie ausgebetet haben, soll die Fabel weitererzählt werden, sie beten aber alleweile noch immerfort.)

Der Fuchs und die Katze

Von den Brüdern Grimm

Es trug sich zu, dass die Katze in einem Walde dem Herrn Fuchs begegnete und weil sie dachte: „Er ist gescheit und wohlerfahren und gilt viel in der Welt", so sprach sie ihm freundlich zu. „Guten Tag, lieber Herr Fuchs, wie geht's? Wie steht's? Wie schlagt Ihr Euch durch in dieser teuren Zeit?" Der Fuchs, allen Hochmutes voll, betrachtete die Katze von Kopf bis zu Füßen und wusste lange nicht, ob er eine Antwort geben sollte. Endlich sprach er: „O, du armseliger Bartputzer, du buntscheckiger Narr, du Hungerleider und Mäusejäger, was kommt dir in den Sinn? Du unterstehst dich zu fragen, wie mir's gehe? Was hast du gelernt? Wie viel Künste verstehst du?" „Ich verstehe nur eine einzige", antwortete bescheiden die Katze. „Was ist das für eine Kunst?", fragte der Fuchs. „Wenn die Hunde hinter mir her sind, so kann ich auf einen Baum springen und mich retten." „Ist das alles?", sagte der Fuchs. „Ich bin Herr über hundert Künste und habe überdies noch einen Sack voll Listen. Du jammerst mich, komm mit mir, ich will dich lehren, wie man den Hunden entgeht." Indem kam ein Jäger mit vier Hunden daher. Die Katze sprang behänd auf einen Baum und setzte sich in den Gipfel, wo Äste und Laubwerk sie völlig verbargen. „Bindet den Sack auf, Herr Fuchs, bindet den Sack auf!", rief ihm die Katze zu, aber die Hunde hatten ihn schon gepackt und hielten ihn fest. „Ei, Herr Fuchs", rief die Katze, „Ihr bleibt mit Euren hundert Künsten stecken. Hättet Ihr heraufkriechen können wie ich, so wär's nicht um Euer Leben geschehen."

Der Fuchs und die Kohlmeise

Von Josef Haltrich

Eine Kohlmeise flog klagend umher; der Fuchs sah sie und fragte sie teilnehmend: „Was fehlt dir denn, du Arme?“ „Ach, meine Kinder haben einen bösen Ausschlag!“ „Ich bin Arzt“, sprach der Fuchs, „führe mich hin, ich werde sie heilen.“ Da führte die Kohlmeise den Fuchs zum Nest. „Sie sind ja ganz kahl und nackt und frieren, die Ärmsten, o wie erbarme ich sie; doch ihnen kann geholfen werden; sie brauchen nur ein warmes Bett; das will ich ihnen sogleich verschaffen!“ Damit erhaschte und verschlang er sie; mit Not nur entging die alte Kohlmeise selbst.

Pfui über den Arzt, der seine Patienten frisst!

Der Fuchs und die Statue

Nach Äsop

Ein Fuchs betrachtete in der Werkstätte eines Bildhauers mit Entzücken verschiedene schöne Statuen. Besonders gefiel ihm eine wegen ihrer vorzüglichen Arbeit und Schönheit. Er untersuchte sie näher und bemerkte nicht das geringste Zeichen von Leben oder Verstand. „Oh!“, rief er aus, „wie schade ist es, dass ein so schöner Kopf kein Gehirn hat!“

Die Bildung des Geistes gibt erst der Schönheit des Körpers einen Wert.

Der Fuchs und die Trauben

Nach Äsop

Eine Maus und ein Spatz saßen an einem Herbstabend unter einem Weinstock und plauderten miteinander. Auf einmal zirpte der Spatz seiner Freundin zu: „Versteck dich, der Fuchs kommt“, und flog rasch hinauf ins Laub. Der Fuchs schlich sich an den Weinstock heran, seine Blicke hingen sehnsüchtig an den dicken, blauen, überreifen Trauben. Vorsichtig spähte er nach allen Seiten. Dann stützte er sich mit seinen Vorderpfoten gegen den Stamm, reckte kräftig seinen Körper empor und wollte mit dem Mund ein paar Trauben erwischen. Aber sie hingen zu hoch. Etwas verärgert versuchte er sein Glück noch einmal. Diesmal tat er einen gewaltigen Satz, doch er schnappte wieder nur ins Leere. Ein drittes Mal bemühte er sich und sprang aus Leibeskräften. Voller Gier huschte er nach den üppigen Trauben und streckte sich so lange dabei, bis er auf den Rücken kollerte. Nicht ein Blatt hatte sich bewegt. Der Spatz, der schweigend zugesehen hatte, konnte sich nicht länger beherrschen und zwitscherte belustigt: „Herr Fuchs, Ihr wollt zu hoch hinaus!“ Die Maus äugte aus ihrem Versteck und piepste vorwitzig: „Gib dir keine Mühe, die Trauben bekommst du nie.“ Und wie ein Pfeil schoss sie in ihr Loch zurück. Der Fuchs biss die Zähne zusammen, rümpfte die Nase und meinte hochmütig: „Sie sind mir noch nicht reif genug, ich mag keine sauren Trauben.“ Mit erhobenem Haupt stolzierte er in den Wald zurück.

Der große Tierkrieg mit seinen Ursachen und Folgen

Von Johann Heinrich Pestalozzi

Die die Erde beherrschenden Löwen versanken einmal, durch Jupiters alles verhängenden Willen, in Blödsinn und setzten, von innerer Unfähigkeit des Herrschens erniedrigt, die ganze Kraft ihrer kranken und exaltierten Herrschergefühle an den Schein der Sache, deren Wesen ihnen die heiligen Götter geraubt hatten. Vorher zollte täglich ein Rehbock oder ein anderes vollwichtiges Tier seinem Magen den Natur-Zoll seines Geschlechts nach des Löwen wirklichem Bedürfnis. Jetzt aber sollten alle Rehböcke zusammen und alle Geschlechter der Tiere ihrer zerrütteten Einbildungskraft einen ebenso kränkenden und erniedrigenden als unnützen Augendienst leisten.

Die Blödsinnigen hatten alles Gefühl der Natur verloren. Sie bedurften des Regierens wie hysterische Weiber Nerven stärkender Gerüche. Sie fielen vom Gedanken, es nicht mehr regieren zu können, in Ohnmacht. Also im Innersten widernatürlich gestimmt, wollten sie immer und alles regieren und alle Tiere der Erde glauben machen, dass sie sämtlich unfähig seien, sich selbst zu regieren und nur durch das Wohlgefallen ihres Maulverzerrens, das sie lachen hießen, Tiere werden könnten, wie sie sein sollen und müssen. Auch fanden sie jetzt keinen Gefallen mehr an irgendeinem Dienst der Tiere, als insoweit er wider ihre Natur war.

Ihre Tiger mussten mit Seife gewaschen vor ihnen erscheinen; ihre Wölfe hatten Hofkleider von Lämmerfellen; ihre Bären trugen Maulkörbe und gingen an Stecken; ihre Adler hatten Pfauenschwänze, ihre Geier zwangen den knorrigen Hals in Schwanengestalt; ihre Schlangen gingen auf Stelzen; ihre Käuze hatten haarlose Köpfe und mussten, ihnen zur Freude, oft am hellen Mittag an der Sonne fliegen; ihre Stiere mussten Bärendienste tun; ihre Kühe wurden für Hunde und ihre Esel für Paraden gebraucht und den Hunden war vielseitig aufgetragen, was sonst die Löwen selbst verrichteten. Auch der hohe Elefant war, wider seine Natur, zum Blutdurst gereizt und das reine und edle Geschöpf, das sich voll Verachtung von jedem Vieh trennt, an dem ein Blutstropfen hängt, das Pferd, atmete am vollen Haberbarren grimmige Kriegslust.
Aber dadurch, dass sie also einem jeden Tier die Tugend seines Geschlechtes raubten, erhielten diese sämtlich die einzige Eigenschaft, darin sie alle zusammenkommen konnten: Sie wurden alle zu Affen und erhielten, anstatt der verlorenen Tugenden ihrer eigenen Natur, die wesentliche Eigenschaft ihres neuen Geschlechts: die Fehler ihrer Meister zu riechen und mit zitternder Ungeduld zu gelüsten, sich über dieselben zu erheben.
Hieraus entstand in ihren verdorbenen Seelen der widernatürliche Wunsch: „Wir wollen alle miteinander regieren." Dieser Wunsch liegt sonst gar nicht in den Seelen der Tiere, aber jetzt sprach ihn ein einziger aus und wie ein Blitz war er in den Seelen von allen. Allein er erschien in den einen als ein Katzengefühl in Mäuseseelen; in den anderen als ein Hundegefühl in erbitterten Schafen. Hier als ein Schlangengewind im ungebändigten Stiere; dort als ein Tigergelüst in der kälbergebärenden Kuh und oft als eine Löwenbegierde im wunden, elenden Esel.
Indessen war die Affenmeinung, wir wollen alle miteinander regieren, nichts mehr und nichts weniger als eine Kriegserklärung wider die Meinung des Wahnsinns: Wir wollen wie hysterische Weiber und immer und alles regieren. Auch standen die Kraut fressenden Tiere plötzlich und allgemein gegen die Fleisch fressenden im Aufruhr.
Da sie aber sämtlich zu Affen geworden waren, so standen viele Fleischfresser auf der Seite der Krautfresser und viele Krautfresser auf der Seite der Fleischfresser. Schlangen und Füchse stellten sich auf beiden Seiten voran. Der Krieg war erschrecklich. Weit und breit waren alle Wälder und Berge damit erfüllt. Selbst in Asiens fetten Weiden erschallte der Ruf der vielsiegenden Krauttiere und was in diesen Gegenden noch nie erhört worden war, geschah jetzt.
Zahllose Affen riefen, auf ihren Bäumen versammelt, allen Tieren und dem Elefanten selbst, der in ihrem Forst Recht und Gerechtigkeit verwaltete, das neue Krautfresser-Geschrei zu: „Wir wollen alle miteinander regieren und zu Felde ziehen wider Tiger und Löwen." Der Elefant tat eine Weile, wie wenn er nichts hörte; aber da sich immer mehr Tiere, oben in den Lüften und unten auf dem Boden, bei den Affenbäumen versammelten, wollte ihm dieses Geschrei nicht mehr behagen. Er warf seinen Rüssel gegen die Affenbäume auf und sagte: „Ihr elenden Tiere! Esst doch ferner eure Nüsse und Mandeln und sucht in jeder Gefahr mit euren langen Beinen das Heil über Stauden und Stöcke; aber maßt euch nicht an, die Ruhe meines Forstes zu stören."
Dann wandte er sich an die anderen Tiere und sagte zu ihnen: „Ihr steht hier nicht

unter wahnsinnigen Löwen. Ich schütze euch selbst vor dem Unfug dieser wilden Höhlenbewohner; ich ehre in eurer Natur einem jeden sein Recht und gönne ihm dieses Recht als seine Freiheit. Was wollt ihr mehr? Wollt ihr unter Füchsen und Schlangen, gegen Löwen und Tiger zu Felde ziehen? Wisst ihr auch, was das ist? Ich stoße meinen Zahn dem Löwen in den Rachen; ich werfe den Tiger mit meinem Rüssel über meinen Rücken; ich bringe den wildesten Stier unter meinen Fuß; ich drücke den Bären mit meinem Bauch an die Wand, bis er dünn ist, aber ich habe mein einziges Kind nicht vor den Stichen der Klapperschlange erretten können und ich vermag es nicht, mein liebstes Gefieder vor den Schleichwegen der Füchse sicherzustellen. Also seht, was ihr tut! Ich will forthin in meinem Forst Recht und Gerechtigkeit ausüben; aber hinter Schlangen und Füchsen über die Berge laufen und Löwen und Tiger aufsuchen, die nicht wissen, dass wir in der Welt sind, das sind Affengelüste, die in keine Elefantenseele hineinkommen können." Darauf setzte er noch hinzu: „Die Affen sind von den Göttern verflucht, sie haben eine erschreckliche Krankheit. Es ist ihnen nie wohl; sie wissen nicht, was sie sind, und nicht, was sie wollen. Und da ihr hier unter ihnen lebt, so sollte es, ob Jupiter will!, doch nicht so leicht sein, euch selbst zu so armseligen Tieren zu machen, als dieses in dem schlechteren Weltteil nicht sein mag, wo man die Affen weniger kennt und sich also weniger scheut, ihnen zu gleichen."

Damit schwieg er. Aber das Krautfressergeschrei hatte selbst Asiens feinere Nasen neuerungssüchtig gemacht. Der Elefant sah es, warf seinen Rüssel noch einmal auf, und schrie schrecklich: „Was ist das? Alle miteinander regieren? Soll ich euch alle miteinander zertreten?" Das entschied jetzt. Die nahen Hunde krochen, die Affen schwiegen, Asiens Tiere gingen auseinander und der Elefant naschte wieder an seinem Lotus. Indessen verbanden sich die Fleisch fressenden Tiere immer enger und allgemeiner zusammen und die Zahl der Kraut fressenden, die zu Grunde ging, ward mit jedem Tage größer und bald unermesslich.

Da erhob sich im großen Elend dieser Tage ein Kranich und schrie, wie wenn ihn ein Himmlischer stärkte: „Auf! Auf! Ihr Tiere, zum ewigen Frieden!" Der Adler aber, welcher das Aas liebt, schoss über den Kranich und tötete ihn und die wegen diesem bedenklichen Vogelgeschrei eigentlich versammelten Seifen-Tiger, Tanz-Bären, Lämmer-Wölfe, nebst feierlichem Zuzuge, Stelzen-Schlangen und haarlosen Käuze erklärten einmütig das Kranichgeschrei für gefährlich und zur Unzeit angebracht und dekretierten hoheitlich und kirchlich: „Krieg ist der Tiere Natur und es ist uns wohl im Dienst der streitenden Löwen." Ferner: „Bis sich alle Krautfresser zum Ziel gelegt haben würden, dürfe der Gedanke an einen Frieden mit denselben so wenig als derjenige an ein den Löwen genierendes Tierrecht in den Krauttieren weder erzeugt noch erhalten werden; es sei vielmehr an dem, dass das zweideutige Gefühl für Wahrheit und Recht, welches etwa besorglich in den Seelen der Kühe, Esel und Schafe rege gemacht worden, selbst mit aller Kunst auf das Sorgfältigste und Väterlichste erstickt und, wo es nicht anders möglich, auch mit dem größten Ernst herausgepeitscht und herausgemetzelt werden müsse."

Auch ließ sich der Apostel der Tiere an dem Faden, an den sich dergleichen Apostel alle anbinden lassen, dahin bringen, alles Unglück dieses Tierkrieges ausschließend den

Krautfressergeschlechtern zuzuschreiben und die Lehre des Kranichs, ob sie gleich die alte orthodoxe Lehre seiner heiligen Bücher ist, dennoch in den Bann zu tun: Erstens, weil selbige von dem unverschämten Vogel nicht in der vorgeschriebenen mystischen Form stilisiert; zweitens, weil sie auf einmal gar zu vielen Schafen, Eseln und Kühen zu Ohren gekommen sei; drittens endlich aber und vorzüglich, weil der offenbar ungläubige Elefant und das heterodoxe Pferd ihr öffentlich ihren Beifall bezeugt haben.

Von dieser Zeit an werden alle Kraniche von den Adlern und Geiern verfolgt; der ungläubige Elefant und das zweifelnde Pferd sind den Füchsen und Schlangen zum getreuen Aufsehen empfohlen; gegen die hartnäckigen Esel wird die Schärfe der Rute gebraucht; die neuerungssüchtigen, aber furchtsamen Affen werden mit ihr bedroht, und die Priester der Tiere lehren die Kinder der Kühe und Schafe, selbst auch die armen Hasen und die schuldlosen Rehe, mit einer beispiellosen Anstrengung, der Krieg sei ihre Natur, der Löwendienst, wie er ist, ihre unbedingte Pflicht, und die Lehre der Kraniche, so wie sie von den Kühen, Eseln und Schafen verstanden werde, allerhöchst verdammlich, sowie das freche Reden über den Wahnsinn der Löwen eine todeswürdige Sünde. Den sämtlichen Kauzenstühlen wurde beförderlich und dringend aufgetragen, von den Löwen-Sünden und Löwen-Schanden immer nur mit großer Vorsicht und mit gehörigem Respekt zu reden und besonders dem irrigen Wahn, dass selbige so vielen Einfluss auf das Wohl und Weh der übrigen Tiere haben, mit allem Eifer und mit aller Sorgfalt entgegenzuwirken, auch alles nur Mögliche zu tun, um unter den Stieren, Kühen und Eseln die beruhigende Überzeugung zu verbreiten, dass sie unter allen Umständen an ihrem Verderben einzig und allein selbst schuld seien.

Der grüne Esel

Von Christian Fürchtegott Gellert

Wie oft weiß nicht ein Narr durch töricht Unternehmen
viel tausend Toren zu beschämen!

Neran, ein kluger Narr, färbt einen Esel grün,
am Leibe grün, rot an den Beinen,
fängt an, mit ihm die Gassen durchzuziehn,
er zieht und Jung und Alt erscheinen.
„Welch Wunder!“, rief die ganze Stadt,
„Ein Esel, zeisiggrün!, der rote Füße hat!
Das muss die Chronik einst den Enkeln noch erzählen,
was es zu unsrer Zeit für Wunderdinge gab!“
Die Gassen wimmelten von Millionen Seelen,
man hebt die Fenster aus, man deckt die Dächer ab,
denn alles will den grünen Esel sehn
und alle konnten doch nicht mit dem Esel gehn.
Man lief die beiden ersten Tage
dem Esel mit Bewundrung nach.
Der Kranke selbst vergaß der Krankheit Plage,
wenn man vom grünen Esel sprach.
Die Kinder in den Schlaf zu bringen,
sang keine Wärterin mehr von dem schwarzen Schaf,
vom grünen Esel hört man singen
und so gerät das Kind in Schlaf.
Drei Tage waren kaum vergangen,
so war es um den Wert des armen Tiers geschehn.
Das Volk bezeigte kein Verlangen,
den grünen Esel mehr zu sehn.
Und so bewundernswert er anfangs allen schien,
so dacht itzt doch kein Mensch mit einer Silb‘ an ihn.

Ein Ding mag noch so närrisch sein,
es sei nur neu: so nimmt‘s den Pöbel ein.
Er sieht und er erstaunt. Kein Kluger darf ihm wehren.
Drauf kömmt die Zeit und denkt an ihre Pflicht,
denn sie versteht die Kunst, die Narren zu bekehren,
sie mögen wollen oder nicht.

Der gute Rat

Von Johann Heinrich Pestalozzi

„Haltet nur eure Nester gut in der Ordnung, so seid ihr so glücklich, als es euer Geschlecht nur immer werden kann." Also sprachen einmal die großen Vögel zu der Schar der kleinen. Diese antworteten ihnen: „Was ihr sagt, ist wahr; aber es ist für uns kein Nest in der Ordnung, zu dem ihr leicht kommen könnt; denn ihr esst gerne Eier."

Große Vögel bekommen allenthalben leicht Zugang zu den Nestern der kleinen. War doch schon zu Davids Zeiten ein Mann, der nur ein einziges Schaf hatte, im Fall, dass ihm so ein großer Vogel dasselbe aus seinem Stall raubte und in den seinigen stellte. Er zog sich dabei freilich eine, in unseren Tagen altmodische, Strafpredigt zu.

Der Habicht und die Störche

Von Johann Wilhelm Ludwig Gleim

Ein Habicht stieß auf eine Lerche
im Angesichte zweier Störche
und würgte, rupfte, speiste sie.
„Ach", sprach ein Storch, „die arme Lerche, die!
Vorhin sang sie so artig noch!"
„Storch", sprach der Habicht, „spare doch
die Seufzer nur! – Den du verzehrt,
der arme Frosch, der ist beklagenswert!
Vorhin quakt' er so artig noch!"

Der Hahn, der Regenwurm, der Fuchs und der Bauer

Von Josef Haltrich

Ein Hahn schnappte vom Mist einen Regenwurm auf, der zitterte und zappelte verzweifelt und rief: „Pardon! Schone mein.“ „Nur nicht so ängstlich!“, sprach der Hahn. „Es hilft doch zu nichts!“, und verschlang den Regenwurm. Den Hahn aber packte sogleich ein Fuchs, der unbemerkt herangeschlichen war, und biss ihm den Kopf ab, indem er sprach: „Das zum Lohn für deine Grausamkeit!“ Kaum hatte der Fuchs dieses ausgesprochen, so hatte ihn der Bauer, der auf denselben gelauert, auch im Genick erfasst, erwürgte ihn und rief: „Her deinen Pelz, du Schleicher; wie kannst du es wagen, auf meinem Eigentum peinliches Gericht zu halten?“

Der Hahn und der Diamant

Nach Äsop

Ein hungriger Hahn scharrte auf einem Misthaufen nach Fruchtkörnern und fand einen Diamanten. Unmutig stieß er ihn beiseite und rief aus: „Was nützt einem Hungrigen ein kostbarer Stein; sein Besitz macht wohl reich, aber nicht satt. Wie gerne würde ich diesen Schatz um nur einige Gerstenkörner geben.“

Das Stücklein Brot, das dich ernährt, ist mehr als Gold und Perlen wert.

Der Hahn und der Fuchs

Von Ludwig Bechstein

In einer kalten Winternacht kroch ein hungriger Fuchs aus seinem Bau und ging dem Fange nach. Da hörte er auf einem Meierhofe einen Hahn fort und fort krähen, der saß auf einem Kirschbaum und hatte schon die ganze Nacht gekräht. Jetzt strich der Fuchs hin nach dem Baum und fragte: „Herr Hahn, was singst du in dieser kalten und finstern Nacht?“ Der Hahn sprach: „Ich verkünde den Tag, dessen Kommen meine Natur mich erkennen lehrt.“ Darauf versetzte der Fuchs: „O Hahn, so hast du etwas Göttliches in dir, dass du zukünftig kommende Dinge weißt!“, und alsbald begann der Fuchs zu tanzen. Jetzt fragte der Hahn: „Herr Fuchs, warum tanzest du?“ Ihm antwortete der Fuchs: „So du singest, o weiser Meister, so ist billig, dass ich tanze, denn es ziemet, sich zu freuen mit den Fröhlichen. O Hahn, du edler Fürst aller Vögel, du bist nicht allein begabt zu fliegen in den Lüften, nein, auch hohe Prophetengaben lieh dir die Natur! O wie bevorzugte sie dich vor allen andern Tieren! Wie glücklich wär ich, gönntest du mir deine Gunst! Wie gerne küsst‘ ich dein Weisheit durchdrungenes verehrtes Haupt! O wie beneidenswert, wenn ich dann künden könnte meinen Freunden: Ich war der Glückliche, dem ein Prophet sein Haupt zum Kusse hingeneigt!“ Der alberne Hahn glaubte dem Schmeichelwort des Fuchses, flog vom Baum und hielt ihm seinen Kopf zum Küssen hin. Mit einem Schnapper war er abgebissen und lachend sprach der Fuchs: „Ich habe den Propheten ohne alle Vernunft befunden.“

Der Hamster und der Dachs

Von Johann Wilhelm Ludwig Gleim

Ein Hamster machte sich ein Loch.
„Ei“, sprach ein Dachs, „was machst du doch?

Es ist ja viel zu klein!“
„Für dich, das könnte sein“,
antwortete der Hamster. „Größer machen
könnt‘ ich‘s ja leicht, allein
ihr Gäste würdet meiner lachen,
der Fuchs und du, ihr kämt mir dann hinein.“

Der Hase mit den Hörnern

Von Jean de La Fontaine

Ein Häschen tummelte sich ausgelassen an einem wunderschönen Sommermorgen auf einem freien Plätzchen, das von dichtem Buschwerk umgeben war. Hier fühlte es sich sicher. Vergnügt hopste es über ein paar Heidebüschel, sauste übermütig im Kreis umher und wälzte sich mit Wohlbehagen im sonnengewärmten Sand. Es zersprang fast vor Lebenslust und wusste vor Glück nicht, wohin mit seinen Kräften. Aber plötzlich duckte es sich blitzartig in einer kleinen Erdmulde nieder. Ein Hirsch setzte über die Büsche hinweg und gleich darauf folgte ein Widder. Danach trampelte auch noch ein schwerer Stier respektlos quer durch das sonnige Morgenreich des kleinen Häschens. „Unverschämte Bande“, kreischte das Häschen, „mir meinen schönen Morgen so zu verderben!“ Kaum hatte es sich wieder aufgerappelt, sprang eine Ziege über die Sträucher. „Halt“, schrie das Häschen, „was soll das bedeuten, wo lauft ihr denn alle hin?“ Die Ziege, die immer zu einem Streich aufgelegt war, schaute lange und ernst auf die Ohren des Häschens, dann meckerte sie munter: „Hast du denn noch nicht von dem neuen Gesetz des Königs gehört? Ein kühner Bruder von mir stieß zufällig den Löwen mit seinen prächtig geschwungenen Hörnern in die Seite. Doch der König verstand keinen Spaß und befahl, dass alle Tiere, die Hörner tragen, sein Land verlassen müssten. Wer heute Abend noch hier verweilt, wird mit dem Tod bestraft. Ich muss mich beeilen. Lebe wohl, Meister Langohr.“ „Sonderbar“, dachte das Häschen, welches nicht so schlau war wie sein Großvater, „der Löwe treibt seine Beute aus dem Land? Höchst sonderbar.“ Auf einmal fuhr das Häschen zusammen. Jetzt wusste es, warum die Ziege es so seltsam angegafft hatte. Natürlich, das war es. Im Sand erblickte das Häschen die Schatten seiner Ohren. Sie erschienen ihm riesengroß und es befürchtete, dass der König seine Ohren für Hörner halten könnte. „Was mach ich nur, was mach ich nur?“, wiederholte der Hasenfuß und zitterte wie Gras im Wind. „Hier bin ich geboren, hier bin ich aufgewachsen, hier kenne ich jeden Grashalm. Ich mag nicht auswandern. Ach, wären meine Ohren so klein wie die einer Maus.“ Eine Grille hatte die Worte der Ziege vernommen und als sie nun das dumme Häschen so jammern hörte, lachte sie. „Du dummer Angsthase, die Ziege hat dir nur Hörner aufsetzen wollen. Was du wirklich an deinem Kopf hast, sind ganz gewöhnliche Ohren.“ „Hier aber hält man sie für Hörner“, gab das Häschen traurig zur Antwort. „Was hilft es mir, dass ich, du und der liebe Gott wissen, dass es Ohren sind, wenn es der Löwe nicht glaubt.“ Und ängstlich lief das Häschen in ein anderes Land.

Der Hase und der Fuchs

Von Ludwig Bechstein

Ein Hase und ein Fuchs reisten beide miteinander. Es war Winterszeit, grünte kein Kraut, und auf dem Felde kroch weder Maus noch Laus. „Das ist ein hungriges Wetter“, sprach der Fuchs zum Hasen, „mir schnurren alle Gedärme zusammen.“ „Jawohl“, antwortete der Hase. „Es ist überall Dürrhof und ich möchte meine eignen Löffel fressen, wenn ich damit ins Maul langen könnte.“ So hungrig trabten sie miteinander fort. Da sahen sie von Weitem ein Bauernmädchen kommen, das trug einen Handkorb, und aus dem Korb kam dem Fuchs und dem Hasen ein angenehmer Geruch entgegen, der Geruch von frischen Semmeln. „Weißt du was!“, sprach der Fuchs. „Lege dich hin, der Länge lang, und stelle dich tot. Das Mädchen wird seinen Korb hinstellen und dich aufheben wollen, um deinen armen Balg zu gewinnen, denn Hasenbälge geben Handschuhe; derweilen erwische ich den Semmelkorb, uns zum Troste.“ Der Hase tat nach des Fuchsen Rat, fiel hin und stellte sich tot, und der Fuchs duckte sich hinter eine Windwehe von Schnee. Das Mädchen kam, sah den frischen Hasen, der alle viere von sich streckte, stellte richtig den Korb hin und bückte sich nach dem Hasen. Jetzt wischte der Fuchs hervor, erschnappte den Korb und strich damit querfeldein, gleich war der Hase lebendig und folgte eilend seinem Begleiter. Dieser aber stand gar nicht still und machte keine Miene, die Semmeln zu teilen, sondern ließ merken, dass er sie allein fressen wollte. Das vermerkte der Hase sehr übel. Als sie nun in die Nähe eines kleinen Weihers kamen, sprach der Hase zum Fuchs: „Wie wäre es, wenn wir uns eine Mahlzeit Fische verschafften? Wir haben dann Fische und Weißbrot, wie die großen Herren! Hänge deinen Schwanz ein wenig ins Wasser, so werden die Fische, die jetzt auch nicht viel zu beißen haben, sich daranhängen. Eile aber, ehe der Weiher zufriert.“ Das leuchtete dem Fuchs ein, er ging hin an den Weiher, der eben zufrieren wollte, und hing seinen Schwanz hinein und eine kleine Weile, so war der Schwanz des Fuchses fest angefroren. Da nahm der Hase den Semmelkorb, fraß die Semmeln vor des Fuchses Augen ganz gemächlich, eine nach der andern, und sagte zum Fuchs: „Warte nur, bis es auftaut, warte nur, bis ins Frühjahr, warte nur bis es auftaut!“, und lief davon und der Fuchs bellte ihm nach, wie ein böser Hund an der Kette.

Der Hase und der Igel

Von den Brüdern Grimm

Es war an einem Sonntagmorgen im Herbst, gerade als der Buchweizen blühte, die Sonne war am Himmel aufgegangen und der Wind strich warm über die Stoppeln, die Lerchen sangen hoch in der Luft und die Bienen summten im Buchweizen. Die Leute gingen in ihrem Sonntagsstaat zur Kirche und alle Geschöpfe waren vergnügt, auch der Igel. Er stand vor seiner Tür, hatte die Arme verschränkt, er guckte in den Morgenwind hinaus und trällerte ein kleines Liedchen vor sich hin, so gut und so schlecht, wie am Sonntagmorgen ein Igel eben zu singen pflegt. Während er nun so vor sich hin sang, fiel ihm plötzlich ein, er könnte doch, während seine Frau die Kinder wusch und ankleidete, ein bisschen im Feld spazieren gehen und nachsehen, wie die Steckrüben standen. Die Steckrüben waren ganz nah bei seinem Haus und er pflegte sie mit seiner Familie zu essen, darum sah er sie auch als die Seinigen an. Gedacht, getan. Er schloss die Haustür hinter sich und schlug den Weg zum Feld ein. Er war noch nicht sehr weit und wollte gerade um den Schlehenbusch herum, der vor dem Feld stand, als er den Hasen erblickte, der in ähnlichen Geschäften ausgegangen war, nämlich um seinen Kohl zu besehen. Als der Igel den Hasen sah, wünschte er ihm freundlich einen guten Morgen. Der Hase aber, der auf seine Weise ein vornehmer Herr war und grausam hochfahrend noch dazu, antwortete gar nicht auf des Igels Gruß, sondern sagte mit höhnischer Miene: „Wie kommt es, dass du hier schon so am frühen Morgen im Feld herumläufst?" „Ich gehe spazieren", sagte der Igel. „Spazieren?", lachte der Hase. „Du könntest deine Beine schon zu besseren Dingen gebrauchen." Diese Antwort verdross den Igel sehr. Alles kann er vertragen, aber auf seine Beine lässt er nichts kommen, gerade weil sie von Natur aus krumm sind. „Du bildest dir wohl ein, du könntest mit deinen Beinen mehr ausrichten?", sagte er. „Das will ich meinen", sagte der Hase. „Nun, das kommt auf einen Versuch an", meinte der Igel. „Ich wette, wenn wir um die Wette laufen, ich lauf schneller als du." „Du – mit deinen krummen Beinen?", sagte der Hase. „Das ist ja zum Lachen. Aber wenn du so große Lust hast – was gilt die Wette?" „Einen Golddukaten und eine Flasche Branntwein", sagte der Igel. „Angenommen", sagte der Hase, „schlag ein und dann kann es gleich losgehen." „Nein, so große Eile hat es nicht", meinte der Igel, „ich hab noch gar nichts gegessen. Erst will ich nach Hause gehen und ein bisschen was frühstücken. In einer Stunde bin ich wieder hier."

Damit ging er und der Hase war es zufrieden. Unterwegs aber dachte der Igel bei sich: „Der Hase verlässt sich auf seine langen Beine, aber ich will ihn schon kriegen. Er ist zwar ein vornehmer Herr, aber doch ein dummer Kerl, und das soll er bezahlen." Als er nun nach Hause kam, sagte er zu seiner Frau: „Frau, zieh dich rasch an, du musst mit mir ins Feld hinaus." „Was gibt es denn?", fragte die Frau. „Ich habe mit dem Hasen um einen Golddukaten und eine Flasche Branntwein gewettet, dass ich mit ihm um die Wette laufen will. Und da sollst du dabei sein." „O mein Gott, Mann", begann die Frau loszuschreien, „hast du denn ganz den Verstand verloren? Wie willst du mit dem Hasen um die Wette laufen?" „Halt das Maul, Weib", sagte der Igel, „das ist meine Sache. Misch dich nicht in Männergeschäfte! Marsch, zieh dich an und komm mit!"

Was sollte also die Frau des Igels tun? Sie musste gehorchen, ob sie wollte oder nicht. Als sie miteinander unterwegs waren, sprach der Igel zu seiner Frau: „Nun pass auf, was ich dir sage. Dort auf dem langen Acker will ich unseren Wettlauf machen. Der Hase läuft in einer Furche und ich in der anderen und dort oben fangen wir an. Du hast nun weiter nichts zu tun, als dass du dich hier unten in die Furche stellst, und wenn der Hase in seiner Furche daherkommt, so rufst du ihm entgegen: „Ich bin schon da!" So kamen sie zu dem Acker, der Igel wies seiner Frau ihren Platz an und ging den Acker hinauf. Als er oben ankam, war der Hase schon da. „Kann es losgehen?", fragte er. „Jawohl", erwiderte der Igel. „Dann nur zu." Damit stellte sich jeder in seine Furche. Der Hase zählte: „Eins, zwei, drei", und los ging er wie ein Sturmwind den Acker hinunter. Der Igel aber lief nur etwa drei Schritte, dann duckte er sich in die Furche hinein und blieb ruhig sitzen. Und als der Hase im vollen Lauf am Ziel unten am Acker ankam, rief ihm die Frau des Igels entgegen: „Ich bin schon da!" Der Hase war nicht wenig erstaunt, glaubte er doch nichts anderes, als dass er den Igel selbst vor sich hatte. Bekanntlich sieht die Frau Igel genauso aus wie ihr Mann. „Das geht nicht mit rechten Dingen zu", rief er. „Noch einmal gelaufen, in die andere Richtung!" Und fort ging es wieder wie der Sturmwind, dass ihm die Ohren am Kopf flogen. Die Frau des Igels aber blieb ruhig an ihrem Platz sitzen und als der Hase oben ankam, rief ihm der Herr Igel entgegen: „Ich bin schon da!" Der Hase war ganz außer sich vor Ärger und schrie: „Noch einmal gelaufen, noch einmal herum!" „Meinetwegen", gab der Igel zurück. „Sooft du Lust hast." So lief der Hase dreiundsiebzigmal und der Igel hielt immer mit. Und jedes Mal, wenn der Hase oben oder unten am Ziel ankam, sagten der Igel oder seine Frau: „Ich bin schon da." Beim vierundsiebzigsten Male aber kam der Hase nicht mehr ans Ziel. Mitten auf dem Acker fiel er zu Boden, das Blut floss ihm aus der Nase und er blieb tot liegen. Der Igel aber nahm seinen gewonnenen Golddukaten und die Flasche Branntwein, rief seine Frau von ihrem Platz am Ende der Furche und vergnügt gingen beide nach Hause. Und wenn sie nicht gestorben sind, leben sie heute noch.

So geschah es, dass auf der Buxtehuder Heide der Igel den Hasen zu Tode gelaufen hatte und seit jener Zeit hat kein Hase mehr gewagt, mit dem Buxtehuder Igel um die Wette zu laufen. Die Lehre aus dieser Geschichte aber ist erstens, dass sich keiner, und wenn er sich auch noch so vornehm dünkt, einfallen lassen soll, sich über einen kleinen Mann lustig zu machen, und wäre es auch nur ein Igel. Und zweitens, dass es gut ist, wenn einer heiratet, dass er sich eine Frau von seinem Stand nimmt, die geradeso aussieht wie er. Wer also ein Igel ist, der muss darauf sehen, dass auch seine Frau ein Igel ist.

Der Hase und die Frösche

Von Jean de La Fontaine

Ein Hase saß in seinem Lager und grübelte. „Wer furchtsam ist", dachte er, „ist eigentlich unglücklich dran! Nichts kann er in Frieden genießen, niemals hat er ein ungestörtes Vergnügen, immer gibt es neue Aufregung für ihn. Ich schlafe vor Angst schon mit offenen Augen. Das muss anders werden, sagt mir der Verstand. Aber wie?" So überlegte er. Dabei war er aber immerwährend auf der Hut, denn er war nun einmal misstrauisch und ängstlich. Ein Geräusch, ein Schatten, ein Nichts – alles erschreckte ihn schon. Plötzlich hörte er ein leichtes Säuseln. Sofort sprang er auf und rannte davon. Er hetzte bis an das Ufer eines Teiches. Da sprangen die aufgescheuchten Frösche alle ins Wasser. „Oh", sagte der Hase, „sie fürchten sich vor mir! Da gibt es also Tiere, die vor mir, dem Hasen, zittern! Was bin ich für ein Held!"

Da kann einer noch so feige sein, er findet immer einen, der ein noch größerer Feigling ist.

Der Hase und viele Freunde

Von Friedrich von Hagedorn

Wo soll man echte Freundschaft finden?
Das Lockwort klingt doch gar zu fein
und kann, die Herzen zu verbinden,
der Anlass schönster Hoffnung sein.
Man pflegt den milden Stein der Weisen
uns als ein Wunder anzupreisen.
Man lehrt, er mache mehr als reich:
Fürwahr, ihm ist die Freundschaft gleich.
Ein jeder, der in diesen Jahren
mir ohne Lachen widerspricht,
ist glücklich, falls er nicht erfahren,
wie oft man Treu und Glauben bricht.
Wird er den Vorzug nur erwerben,
in diesem süßen Wahn zu sterben;
so soll einst seines Grabes Stein
der Welt ein seltnes Denkmal sein.

Ein Häschen von beliebten Sitten,
ein kleines Tier von schneller Kunst,
erhielt durch Schmeicheln und durch Bitten
verschiedner Tiere Lob und Gunst.

Die Hasen hatten ja vorzeiten
weit mehr, als itzo, zu bedeuten.
Als keiner unsern Stutzern glich,
da war auch keiner lächerlich.
Er wandte sich zu allen Freunden,
um ihren Beitritt zu erstehn,
Den Hunden, seinen ärgsten Feinden,
zu steuren oder zu entgehn.
Man sprach: „Dein Leben zu erhalten
soll unser Eifer nie erkalten,
der deinem Balg ein Härchen krümmt,
dem ist von uns der Tod bestimmt.“
Der muntre Hänsel ist zufrieden
und schätzt sich großen Hansen gleich.
Die Sicherheit, die ihm beschieden,
vertauscht er um kein Königreich.
Ihn will so mancher Beistand schützen.
Was darf er nun in Ängsten sitzen?
Nein, unter vieler Starken Hut
fehlt es auch Hasen nicht an Mut.
Er lebet ohne Not und Sorgen,
so unverzagt, als ungestört,
weil sich mit jedem schönen Morgen,
mit jedem Tau sein Frühstück mehrt.
Sein rascher Lauf verlässt die Wälder,
durchstreicht die Triften und die Felder,
wo in beglückter Sicherheit
ihn Gras und Laub und Frucht erbeut.
Wie oft vergällt erwünschte Stunden
verhasster Stunden Ungemach!
Ein Jäger eilt mit schlauen Hunden
der Spur des armen Hansels nach.
Hier ist kein Freund, ihm jetzt zu raten.
Er fährt, er läuft durch Busch und Saaten,
er drückt sich oft, so gut er kann;
doch alle Hunde schlagen an.
Er rennt und setzt durch Forst und Stege,
sein Absprung aber hilft ihm nicht.
Doch endlich kömmt, auf einem Wege,
sein Freund, das Pferd, ihm zu Gesicht.
Er sagt: „Dies tolle Hetzenreuten
scheint meinen Tod mir anzudeuten.
Doch nimmt mich nur dein Rücken auf,

so spürt kein Stöber meinen Lauf."
Das Pferd versetzt: „Mein Herr, ich sehe
des Unfalls Größe noch nicht ein.
So mancher Freund ist in der Nähe
und jeder wird behilflich sein.
Die Treu erleichtert Müh und Bürde,
sie wissen, wie ich dienen würde.
So aber wohnt nicht weit von hier
ein ungleich stärkrer Freund, der Stier."
Er eilt durch Heide, Busch und Hecken
und fleht den Stier um Rettung an.
Der spricht: „Ich will nur frei entdecken,
warum ich dir nicht helfen kann.
Du kennest meiner Freundschaft Triebe,
jedoch die Freundschaft weicht der Liebe.
Dort lässt sich meine Schöne sehn.
Du must zu jener Ziege gehn."
Die Ziege hört des Hasen Klagen
mit angenommner Traurigkeit,
und hält, ihm alles abzuschlagen,
sich zu der Ausflucht schon bereit.
Sie meckert: „Dich jetzt aufzunehmen,
wird jenes Schaf sich bald bequemen.
Dir ist ja seine Gutheit kund.
Mir, leider!, ist der Rücken wund."
Der Arme flieht mit bangen Schritten,
sucht und erreicht das ferne Schaf,
das, unbewegt bei seinen Bitten,
an Furcht den Flüchtling übertraf.
Es klagt: „Vor Feinden dich zu schützen,
wird meine Schwäche wenig nützen.
Ich zittre ja so sehr als du,
doch eile jenem Füllen zu."
Das sprach: „Wenn wir jetzt Beistand hätten,
so trotzt' ich gerne die Gewalt.
Ich bin zu jung, dich zu erretten,
und mein Herr Vater ist zu alt.
Ich sehe schon die Hunde kommen:
Nur frischen Mut und Lauf genommen!
Doch wenn dein Tod uns trennen soll,
geliebter Hansel, fahre wohl!"

Der Hengst und eine Wespe

Von Johann Wilhelm Ludwig Gleim

Eine kleine Wespe stach
einen Hengst. Er schlug nach ihr
und die kleine Wespe sprach:
„Hengstchen, schlag doch nicht nach mir!
Sieh, ich sitz an sicherm Orte,
Hengstchen, sieh! Du triffst mich nicht!“
Hengstchen gab ihr gute Worte
und die kleine Wespe spricht:
„Sanftmut findet doch Gehör!
Sieh, nun stech ich dich nicht mehr!“

Der Hirsch

Nach Äsop

Ein einäugiger Hirsch weidete gewöhnlich auf Wiesen neben dem Meer, und zwar so, dass er immer das gesunde Auge landwärts hielt und wähnte, von der Seeseite her habe er keine Gefahr zu fürchten. Das Schicksal aber hatte es anders beschlossen. Eines Tages segelte ein Schiff bei ihm vorbei und da sein gesundes Auge dem Lande zugekehrt war, so bemerkte er es nicht und weidete nichts ahnend fort. Kaum hatten die Schiffer aber die köstliche Beute erblickt, als sie auch schon Pfeile nach ihm abschossen. Ein Pfeil traf ihn gerade ins Herz und zusammenstürzend rief er aus: „Wie sehr habe ich mich getäuscht, dass ich nur vom Lande her Gefahr erwartete.“

Nur zu oft weicht man vorsorglich einer Gefahr aus und gerät dabei unvorsichtig in eine andere.

Der Hirsch, der Hund und der Wolf

Von Friedrich von Hagedorn

Ein jeder Frommer tut, was man in Hamburg tut:
Das Gute glaubt er oft, allein das Böse selten.
Ihn lehrt der Lauf der Welt, dass Neid und Frevelmut
der Tugend Henker sind und auch die Frömmsten schelten.
Sonst ist's ein bloßes Glück, wenn einen Bösewicht
die Unschuld und das Recht, trotz seiner Kunst, beschämen.

Ein Wolf jagt' einen Hund. Der bat, aus Zuversicht,
den Hirsch, ihn ungesäumt in seinen Schutz zu nehmen.
Der Flüchtling wird erhört, doch ihn verfolgt sein Feind
und spricht: „Ich komm, o Hirsch, dein einzig Kalb zu rächen.
Der Schnaphan hat's erwürgt; ich sah es, ich, dein Freund,
und den verwürkten Hals soll ihm kein andrer brechen."
Der Hund verneint die Tat. Er steht und schwört dabei:
Es sei ihm, von Natur, das Wildbret recht zuwider.
Ihm zeigt der strenge Hirsch sein fürchterlich Geweih.
Beklagter seufzt und heult und wirft sich vor ihm nieder.
Als drauf sein Kläger ihm mit neuen Zeugen droht,
kömmt, gleich zu rechter Zeit, das Hirschkalb hergesprungen.
Den frechen Lügner trifft Verwirrung, Furcht und Tod;
doch dieses Beispiel schreckt nur wenig Lästerzungen.

Der Hirsch und der Fuchs

Von Gotthold Ephraim Lessing

„Hirsch, wahrlich, das begreif ich nicht“,
hört‘ ich den Fuchs zum Hirsche sagen,
„wie dir der Mut so sehr gebricht?
Der kleinste Windhund kann dich jagen.
Besieh dich doch, wie groß du bist!
Und sollt‘ es dir an Stärke fehlen?
Den größten Hund, so stark er ist,
kann dein Geweih mit einem Stoß entseelen.
Uns Füchsen muss man wohl die Schwachheit übersehn,
wir sind zu schwach zum Widerstehn.
Doch dass ein Hirsch nicht weichen muss,
ist sonnenklar. Hör meinen Schluss.
Ist jemand stärker als sein Feind,
der braucht sich nicht vor ihm zurückzuziehen,
du bist den Hunden nun weit überlegen, Freund,
und folglich darfst du niemals fliehen.“
„Gewiss, ich hab es nie so reiflich überlegt.
Von nun an“, sprach der Hirsch, „sieht man mich unbewegt,
wenn Hund‘ und Jäger auf mich fallen,
nun widersteh ich allen.“
Zum Unglück, dass Dianens Schar
so nah mit ihren Hunden war.
Sie bellen und sobald der Wald
von ihrem Bellen widerschallt,
fliehn schnell der schwache Fuchs und starke Hirsch davon.

Natur tut allzeit mehr als Demonstration.

Der Hirsch und der Löwe

Nach Äsop

Ein Hirsch, von einem Jäger bemerkt, flüchtete, geriet aber dabei in eine Höhle, in der zu seinem Unglück ein Löwe hauste. Diesem kam er gerade recht. Ohne weitere Umstände erwürgte er den Hirsch. „Oh!“, rief dieser sterbend aus, „wie unglücklich sind wir, während wir dem einen Feind zu entrinnen suchen, laufen wir dem andern in die Arme.“

In blinder Hast entgeht man oft einer Gefahr und kommt dabei in einer größeren um. Man muss vorne und hinten Augen haben.

Der Hirt und der Wolf

Nach Äsop

Ein Hirte, der einen erst kurz geworfenen jungen Wolf gefunden hatte, nahm ihn mit sich und zog ihn mit seinen Hunden auf. Als der junge Wolf herangewachsen war, verfolgte er, sooft ein Wolf ein Schaf raubte, diesen auch zusammen mit den Hunden. Da aber die Hunde den Wolf zuweilen nicht einholen konnten und deshalb wieder umkehrten, verfolgte ihn jener allein und nahm, wenn er ihn erreicht hatte, als Wolf ebenfalls teil an der Beute; danach kehrte er zurück. Wenn jedoch kein fremder Wolf ein Schaf raubte, so brachte er selbst heimlich eines um und verzehrte es gemeinschaftlich mit den Hunden, bis ihm der Hirte auf die Schliche kam, ihn an einen Baum aufhängte und tötete.

Die schlimme Natur lässt keine gute Gemütsart aufkommen.

Der Hund

Von Christian Fürchtegott Gellert

Phylax, der so manche Nacht
Haus und Hof getreu bewacht
und oft ganzen Diebesbanden
durch sein Bellen widerstanden;
Phylax, dem Lips Tullian,
der doch gut zu stehlen wusste,
selber zweimal weichen musste;
diesen fiel ein Fieber an.
Alle Nachbarn gaben Rat.
Krummholzöl und Mithridat
musste sich der Hund bequemen,
wider Willen einzunehmen.
Selbst des Nachbar Gastwirts Müh,
der vordem in fremden Landen
als ein Doktor ausgestanden,
war vergebens bei dem Vieh.
Kaum erscholl die schlimme Post,
als von ihrer Mittagskost
alle Brüder und Bekannten,
Phylax zu besuchen, rannten.
Pantelon, sein bester Freund,
leckt ihm an dem heißen Munde.
„Oh“, erseufzt er, „bittre Stunde!
O! Wer hätte das gemeint?“
„Ach!“, rief Phylax, „Pantelon!
Ist‘s nicht wahr, ich sterbe schon?
Hätt ich nur nichts eingenommen,
wär ich wohl davongekommen.
Sterb ich Ärmster so geschwind:
Oh! so kannst du sicher schreien,

dass die vielen Arzeneien
meines Todes Quelle sind.
Wie zufrieden schlief‘ ich ein!
Sollt‘ ich nur so manches Bein,
das ich mir verscharren müssen,
vor dem Tode noch genießen.
Dieses macht mich kummervoll,
dass ich diesen Schatz vergessen,
nicht vor meinem Ende fressen,
auch nicht mit mir nehmen soll.
Liebst du mich und bist du treu,
oh, so hole sie herbei!
Eines wirst du bei den Linden
an dem Gartentore finden,
eines, lieber Pantelon,
hab ich nur noch gestern morgen
in dem Winterreis verborgen,
aber friss mir nichts davon.“
Pantelon war fortgerannt,
brachte treulich, was er fand,
Phylax roch, bei schwachem Mute,
noch den Dunst von seinem Gute.
Endlich, da sein Auge bricht,
spricht er: „Lass mir alles liegen!
Sterb ich, so sollst du es kriegen,
aber, Bruder, eher nicht.
Sollt‘ ich nur so glücklich sein
und das schöne Schinkenbein,
das ich – doch ich mag‘s nicht sagen,
wo ich dieses hingetragen.
Werd ich wiederum gesund,
will ich dir, bei meinem Leben,
auch die beste Hälfte geben,
ja, du sollst …“ Hier starb der Hund.

Der Geizhals bleibt im Tode karg,
zween Blicke wirft er auf den Sarg
und tausend wirft er mit Entsetzen
nach den mit Angst verwahrten Schätzen.
O schwere Last der Eitelkeit!
Um schlecht zu leben, schwer zu sterben,
sucht man sich Güter zu erwerben.
Verdient ein solches Glück wohl Neid?

Der Hunde Bescheidenheit

Von Johann Heinrich Pestalozzi

Als einst der Löwe dem Hund das Zeugnis gab: „Ich habe ihn immer bescheiden gefunden“, antwortete ein armer Esel: „Er mag wohl bescheiden sein, aber er ist es gewiss nicht gegen einen armen Esel.“ Als ich dem Schneider Mixli sagte, Junker Großaug sei ein guter Herr, antwortete er mir ebenso: „Er mag wohl ein guter Herr sein, aber gewiss nicht gegen einen armen Schneider.“ Es ist ein eigenes Ding mit diesem Zeugnis der Bescheidenheit, das sich ein Hund von einem Löwen geben lässt. Ich denke kaum, dass irgendein Tier mit einer guten Nase einem solchen Zeugnis einen großen Glauben beimessen werde. Einmal unter den Menschen würde man allgemein einem solchen Bescheidenheits-Zeugnis eher glauben, wenn es von einem Schwachen und Armen einem Reichen und Starken, als wenn es von einem Reichen und Starken einem Schwachen und Armen gegeben würde.

Der Hund und das Schaf

Nach Äsop

Ein Hund brachte vor Gericht vor, er habe dem Schaf Brot geliehen, das Schaf leugnete alles, der Kläger aber berief sich auf drei Zeugen, die man vernehmen müsste, und brachte drei bei. Der erste dieser Zeugen, der Wolf, behauptete, er wisse gewiss, dass der Hund dem Schaf Brot geliehen habe; der zweite, der Habicht, sagte, er sei dabeigewesen; der dritte, der Geier, hieß das Schaf einen unverschämten Lügner. So verlor das Schaf den Prozess, musste alle Kosten tragen und zur Bezahlung des Hundes Wolle von seinem Rücken hergeben.

Wenn sich Kläger, Richter und Zeugen wider jemand vereinigt haben, so hilft die Unschuld nichts.

Der Hund und das Stück Fleisch

Nach Äsop

Ein großer Hund hatte einem kleinen, schwächlichen Hündchen ein dickes Stück Fleisch abgejagt. Er brauste mit seiner Beute davon. Als er über eine schmale Brücke lief, fiel zufällig sein Blick ins Wasser. Wie vom Blitz getroffen blieb er stehen, denn er sah unter sich einen Hund, der gierig seine Beute festhielt. „Der kommt mir zur rechten Zeit", sagte der Hund auf der Brücke, „heute habe ich wirklich Glück. Sein Stück Fleisch scheint noch größer zu sein als meins." Gefräßig stürzte sich der Hund kopfüber in den Bach und biss nach dem Hund, den er von der Brücke aus gesehen hatte. Das Wasser spritzte auf. Er ruderte wild im Bach umher und spähte hitzig nach allen Seiten. Aber er konnte den Hund mit dem Stück Fleisch nicht mehr entdecken, er war verschwunden. Da fiel dem Hund sein soeben erbeutetes, eigenes Stück ein. Wo war es geblieben? Verwirrt tauchte er unter und suchte danach. Doch vergeblich, in seiner dummen Gier war ihm auch noch das Stück Fleisch verloren gegangen, das er schon sicher zwischen seinen Zähnen gehabt hatte.

Der Hund und der Sperling

Von den Brüdern Grimm

Ein Schäferhund hatte keinen guten Herrn, sondern einen, der ihn Hunger leiden ließ. Wie er's nicht länger bei ihm aushalten konnte, ging er ganz traurig fort. Auf der Straße begegnete ihm ein Sperling, der sprach: „Bruder Hund, warum bist du so traurig?" Antwortete der Hund: „Ich bin hungrig und habe nichts zu fressen." Da sprach der Sperling: „Lieber Bruder, komm mit in die Stadt, so will ich dich satt machen." Also gingen sie zusammen in die Stadt und als sie vor einen Fleischerladen kamen, sprach der Sperling zum Hund: „Da bleib stehen, ich will dir ein Stück Fleisch herunterpicken", setzte sich auf den Laden, schaute sich um, ob ihn auch niemand bemerkte, und pickte, zog und zerrte so lang an einem Stück, das am Rande lag, bis es herunterrutschte. Da packte es der Hund, lief in eine Ecke und fraß es auf. Sprach der Sperling: „Nun komm mit zu einem andern Laden, da will ich dir noch ein Stück herunterholen, damit du satt wirst." Als der Hund auch das zweite Stück gefressen hatte, fragte der Sperling: „Bruder Hund, bist du nun satt?" „Ja, Fleisch bin ich satt", antwortete er, „aber ich habe noch kein Brot gekriegt." Sprach der Sperling: „Das sollst du auch haben, komm nur mit." Da führte er ihn an einen Bäckerladen und pickte an ein paar Brötchen, bis sie herunterrollten, und als der Hund noch mehr wollte, führte er ihn zu einem anderen und holte ihm noch einmal Brot herab. Wie das verzehrt war, sprach der Sperling: „Bruder Hund, bist du nun satt?" „Ja", antwortete er, „nun wollen wir ein bisschen vor die Stadt gehen." Da gingen sie beide hinaus auf die Landstraße. Es war aber warmes Wetter und als sie ein Eckchen gegangen waren, sprach der Hund: „Ich bin müde und möchte gerne schlafen." „Ja, schlaf nur", antwortete der Sperling, „ich will mich derweil auf einen Zweig setzen." Der Hund legte sich also auf die Straße und schlief fest ein. Während er dalag und schlief, kam ein Fuhrmann herangefahren, der hatte einen Wagen mit drei Pferden, und hatte zwei Fässer Wein geladen. Der Sperling aber sah, dass er nicht ausbiegen wollte, sondern in der Fahrgleise blieb, in welcher der Hund lag: da rief er: „Fuhrmann, tu's nicht, oder ich mache dich arm." Der Fuhrmann aber brummte vor sich: „Du wirst mich nicht arm machen!", knallte mit der Peitsche und trieb den Wagen über den Hund, dass ihn die Räder totfuhren. Da rief der Sperling: „Du hast mir meinen Bruder Hund totgefahren, das soll dich Karre und Gaul kosten!" „Ja, Karre und Gaul", sagte der Fuhrmann, „was könntest du mir schaden!", und fuhr weiter. Da kroch der Sperling unter das Wagentuch und pickte an dem einen Spundloch so lange, bis er den Spund losbrachte. Da lief der ganze Wein heraus, ohne dass es der Fuhrmann merkte. Und als er einmal hinter sich blickte, sah er, dass der Wagen tröpfelte, untersuchte die Fässer und fand, dass eins leer war. „Ach, ich armer Mann!", rief er. „Noch nicht arm genug!", sprach der Sperling und flog dem einen Pferd auf den Kopf und pickte ihm die Augen aus. Als der Fuhrmann das sah, zog er seine Hacke heraus und wollte den Sperling treffen: aber der Sperling flog in die Höhe und der Fuhrmann traf seinen Gaul auf den Kopf, dass er tot hinfiel. „Ach, ich armer Mann!", rief er. „Noch nicht arm genug!", sprach der Sperling und als der Fuhrmann mit den zwei Pferden weiterfuhr, kroch der Sperling wieder unter das Tuch und pickte auch den Spund am zweiten

Fass los, dass aller Wein herausschwankte. Als es der Fuhrmann gewahr wurde, rief er wieder: „Ach, ich armer Mann!“ Aber der Sperling antwortete: „Noch nicht arm genug!“, setzte sich dem zweiten Pferd auf den Kopf und pickte ihm die Augen aus. Der Fuhrmann lief herbei und holte mit seiner Hacke aus, aber der Sperling flog in die Höhe, da traf der Schlag das Pferd, dass es hinfiel. „Ach, ich armer Mann!“ „Noch nicht arm genug!“, sprach der Sperling, setzte sich auch dem dritten Pferd auf den Kopf und pickte ihm nach den Augen. Der Fuhrmann schlug in seinem Zorn, ohne umzusehen, auf den Sperling los, traf ihn aber nicht, sondern schlug auch sein drittes Pferd tot. „Ach, ich armer Mann!“, rief er. „Noch nicht arm genug!“, antwortete der Sperling. „Jetzt will ich dich daheim arm machen“, und flog fort.
Der Fuhrmann musste den Wagen stehen lassen und ging voll Zorn und Ärger heim. „Ach“, sprach er zu seiner Frau, „was hab ich Unglück gehabt! Der Wein ist ausgelaufen und die Pferde sind alle drei tot.“ „Ach, Mann“, antwortete sie, „was für ein böser Vogel ist ins Haus gekommen! Er hat die Vögel aus der ganzen Welt zusammengebracht und die sind droben über unsern Weizen hergefallen und fressen ihn auf.“ Da stieg er hinauf und tausend und abermals tausend Vögel saßen auf dem Boden und hatten den Weizen aufgefressen und der Sperling saß mitten darunter. Da rief der Fuhrmann: „Ach, ich armer Mann!“ „Noch nicht arm genug!“, antwortete der Sperling, „Fuhrmann, es kostet dich noch dein Leben!“, und flog hinaus.
Da hatte der Fuhrmann all sein Gut verloren, ging hinab in seine Stube und setzte sich hinter den Ofen und war ganz bös und giftig. Der Sperling aber saß draußen vor dem Fenster und rief: „Fuhrmann, es kostet dich dein Leben.“ Da ergriff der Fuhrmann die Hacke und warf sie nach dem Sperling. Aber er schlug nur die Fensterscheiben entzwei und traf den Vogel nicht. Der Sperling hüpfte durch das zerbrochene Fenster herein, setzte sich auf den Ofen und rief: „Fuhrmann, es kostet dich dein Leben.“ Dieser, ganz toll und blind vor Wut, schlug den Ofen entzwei und so fort, wie der Sperling von einem Ort zum andern flog, sein ganzes Hausgerät, Spieglein, Bänke, Tisch und zuletzt die Wände seines Hauses, und kann ihn nicht treffen. Endlich erwischte er ihn mit der Hand. Da sprach seine Frau: „Soll ich ihn totschlagen?“ „Nein“, rief er, „das wäre zu gelind, der soll viel mörderlicher sterben, ich will ihn verschlingen“, und nimmt ihn und verschlingt ihn auf einmal. Der Sperling aber fängt an in seinem Leibe zu flattern, flattert wieder herauf, dem Mann in den Mund. Da streckt er den Kopf heraus und ruft: „Fuhrmann, es kostet dich doch dein Leben!“ Der Fuhrmann reicht seiner Frau die Hacke und spricht: „Frau, schlag mir den Vogel im Munde tot.“ Die Frau schlägt zu, schlägt aber fehl, und schlägt den Fuhrmann gerade auf den Kopf, sodass er tot hinfällt. Der Sperling aber fliegt auf und davon.

Der Hund und der Wolf

Nach Äsop

Es war in einem strengen Winter. Ein Wolf hatte schon seit Tagen vom Hunger geplagt den Wald durchzogen und nach Nahrung gesucht. Jeder Bissen hätte ihn erfreuen können, selbst der Rest einer verwesenden Maus, so ausgehungert war er. Ein mageres Hündchen lief ihm unvorsichtigerweise über den Weg. Es bibberte vor Furcht und Kälte. „Du kommst mir wie gerufen“, freute sich der Wolf und packte den ängstlichen Dreikäsehoch beim Fell. „Halt, lieber Wolf, nicht so unüberlegt, siehst du denn nicht, wie ausgezehrt ich bin? Du musst dich ja vor mir ekeln!“ „Quatsch keinen Unsinn, ich bin nicht wählerisch“, knurrte der Wolf verärgert. „Du bringst dich um den besten Bissen deines Lebens!“, kläffte das Hündchen. „Du müsstest mich erst einmal sehen, wenn ich mich morgen von den unzähligen Köstlichkeiten des Hochzeitsmahls gemästet habe. Morgen werde ich wohl genährt sein und strotzen vor Fett. Denn dann heiratet die Tochter meines Herrn einen steinreichen Gutsbesitzer. Speisen gibt es dort, Speisen! Feinster Rehbraten, würziger Schinken, Kalbsnieren und Hammelkeulen, Rindsbraten und duftende Mettwürste!“ Der pfiffige Köter machte dem Wolf den Mund wässrig mit einer endlosen Aufzählung auserwählter Leckereien. „Das wäre ein Essen für dich“, schloss er seine Schilderung, „und nicht meine miese Figur von heute. Komm morgen Nacht auf unseren Hof, dann will ich dir dienen. Aber sei leise, mein Herr hat gute Ohren.“

Der Wolf war ganz verrückt geworden von all den herrlichen Speisen, die der kleine Schlauberger ihm vorgesponnen hatte. Er ging auf den Vorschlag des Hündchens ein und ließ es laufen. In der folgenden Nacht schlich er behutsam auf den Hof, um ein Festmahl zu halten. Der kleine Hund lag auf einem Vordach und rief: „Willkommen, lieber Wolf! Ich freue mich, dass du meine Einladung angenommen hast. Warte einen Augenblick, ich will meinem Herrn sofort Bescheid geben, damit er kommt und dich festlich bewirtet.“ Und er bellte aus Leibeskräften. Sofort schlugen auch die Wachhunde an und der Herr stürmte bald darauf aus dem Haus, um die Hunde loszulassen. Aber der Wolf war schon laut schimpfend geflüchtet.

Der junge und der alte Fuchs

Nach Abraham a Sancta Clara

Der junge Fuchs hat etliche Male wahrgenommen, wie die Vögel in der Höhe hin- und herfliegen, so geschwind wie der Wind, da sagt er zum alten Fuchs: „Vater, ich will fliegen!" „Du junger Fantast!", erwidert der Alte, „was sticht dich für ein Vorwitz?" „Vater, ich will fliegen!", wiederholt der kleine Narr. „Du unbesonnenes Fletschmaul!", sagt der Alte, „hast du doch kaum so viele Haare am Schweif, dass du eine ABC-Tafel könntest abstauben, und willst dennoch fliegen! Woher die Flügel nehmen?" „Vater, ich will fliegen! Um die Flügel lass du dir kein graues Haar wachsen – zwar bist du ohnehin schon weiß!" Da macht sich der junge Naseweis ein Paar Flügel von den Hennenfedern, die überall herumliegen, steigt auf einen hohen Turm und springt zum Fenster hinaus, fliegt aber gar nicht glücklich; denn gleich unter ihm bietet ein Waffenhändler seine Sachen feil. Auf dessen spitze Waren fällt der Flieger mit solcher Gewalt, dass er überall am Leib Wunden hat und das Blut nur so fließt. Da fragt der alte Fuchs: „Nun, Bürschlein, wie ist dir das Fliegen bekommen?" „Das Fliegen hat mir schon gefallen, doch die Landung hat der Teufel gesehn!" „Geschieht dir recht, warum willst du den Alten nicht folgen! Warum verachtest du den Rat der Alten, die weit verständiger sind als die Jungen?"

Der Kater und die alte Ratte

Jean de La Fontaine

Ein Mäusevölkchen hatte sich in einer Mühle angesiedelt und führte ein vergnügtes Leben. Gleich neben der Mühle hinter dem Wasserrad hausten ein paar Ratten, die hin und wieder in der Mühle auftauchten, um einige Körner zu stibitzen. Eines Tages mietete sich ungebeten ein wilder Kater bei dem grauen Trippelvölkchen ein und wütete so mörderisch unter diesem, dass sich bald keine einzige Maus und Ratte mehr aus ihrem Loch heraustraute. Da griff der böse Jäger zu einer List. Er band sich ein Seil um seine eine Hinterpfote und krallte sich mit dieser an einem Sack, der an der Wand hing, fest. So baumelte er mit dem Kopf nach unten und stellte sich tot. Alle Mäuse glaubten, dass der Müller den Bösewicht beim Stehlen von Käse und Fleisch ertappt und zur Strafe aufgehängt hatte. Erfreut schossen sie aus ihren kleinen Verstecken hervor und fielen ausgehungert über das frische Korn her. Auf einmal löste der Kater seine Krallen aus dem Sack und stürzte sich auf die ahnungslosen kleinen Fresser. Nur wenige von ihnen konnten sich rechtzeitig in ihre Schlupflöcher retten. „Auch euch erwische ich noch!", zischte er grimmig. Die Mäuse und Ratten, die den hinterhältigen Überfall überlebt hatten, waren vorsichtiger geworden und der Kater lauerte vergeblich auf seine Beute. Eines Abends war der fürchterliche Räuber verschwunden. Er tauchte auch am folgenden Tag nicht wieder auf. Dafür lag am Morgen darauf mitten in der Mühle ein dicker Mehlsack. Das Mehl war herausgerieselt und ein hoher, weißer Haufen breitete sich vor dem Sack aus. Die Mäuse und Ratten schoben zaghaft ihre Nasen aus den Gängen hervor, schnupperten neugierig und zogen sich dann wieder ängstlich zurück. Doch schließlich waren sie davon überzeugt, dass der schreckliche Kater endlich ihr Reich wieder verlassen hatte. Sie wurden mutiger und trippelten vorsichtig auf den großen, weißen Haufen zu. Eine alte, erfahrene Ratte warnte sie: „Geht nicht dorthin. Seit wann streut der Müller euch freiwillig sein Mehl vor die Nase? Hinter diesem Mehlhügel steckt gewiss irgendeine List." Die anderen aber entgegneten ihr: „Niemand hat den Kater seit zwei Nächten mehr gesehen. Bestimmt hat er den hoffnungslosen Kampf mit uns aufgegeben und ist ausgewandert. Wir sind ihm zu klug geworden." Und sie tanzten auf dem Mehlhaufen herum. Im selben Augenblick bewegte sich der weiße Berg und der Kater sprang mit einem Ruck auf. Das Mehl sprühte nur so aus seinem Fell. Er war, um seine Opfer zu täuschen, fortgegangen, hatte sich dann am Morgen heimlich im Bach gewaschen und war lautlos in die Mühle zurückgeschlichen. Dort hatte er einen Mehlsack umgerissen und sich gründlich im Mehl gewälzt. Die alte, schlaue Ratte, die dem Frieden nicht trauen wollte, war als Einzige diesem tückischen Anschlag entkommen. Sie rief dem Kater zu: „Selbst wenn ich wüsste, dass du tot bist, würde ich mich nicht in deine Nähe wagen."

Der kranke Hirsch und die Wölfe

Von Friedrich von Hagedorn

Ein Hirsch, der sich nicht wohl befand,
blieb lange Zeit daheim, die Ballen auszuheilen,
und jeder Freund kam angerannt,
ihm Trost und Beirat mitzuteilen.
Gesellschaft pfleget zu erfreun,
drum stellten sich am zwölften Tage
zween Wölfe voller Mitleid ein
und jeder kam mit dieser Frage:
„Wie mag es mit dem Kranken sein,
den ich gewiss recht sehr beklage?
Hat man auf ihn gehörig Acht?
Ist‘s gut, so eng ihn einzusperren?
Wie stunds mit ihm die vorge Nacht?“
Das Hirschkalb sagte mit Bedacht:
„Viel besser, als ihr‘s wünscht, ihr Herren.“

Der Kuckuck

Von Christian Fürchtegott Gellert

Der Kuckuck sprach mit einem Star,
der aus der Stadt entflohen war.
„Was spricht man“, fing er an zu schreien,
„was spricht man in der Stadt von unsern Melodeien?
Was spricht man von der Nachtigall?“
„Die ganze Stadt lobt ihre Lieder.“
„Und von der Lerche?“, rief er wieder.
„Die halbe Stadt lobt ihrer Stimme Schall.“
„Und von der Amsel?“, fuhr er fort.
„Auch diese lobt man hier und dort.“
„Ich muss dich doch noch etwas fragen:
Was“, rief er, „spricht man denn von mir?“
„Das“, sprach der Star, „das weiß ich nicht zu sagen,
denn keine Seele red‘t von dir.“
„So will ich“, fuhr er fort, „mich an dem Undank rächen
und ewig von mir selber sprechen.“

Der Löwe auf der Jagd

Von Johann Wilhelm Ludwig Gleim

Der Löwe ging mit seinen Freunden,
dem Tiger und dem Bär, friedselig auf die Jagd.
„Den", sprach er, „zählen wir sogleich zu unsern Feinden,
der wider uns zu sein die kleinste Miene macht!
Versteht sich übrigens, wir teilen, was wir fangen,
in gleiche Teile!" – Gut! – Es wird ein Hirsch gefangen,
der Löwe teilt, jedoch nicht jedem gleich; der Bär
brummt seine Meinung laut! Der Tiger zeigt von Weitem
dem Teiler seine Klau'n!
„Was? Habt ihr Lust zu streiten?
Ihr Herrn, so tretet nur ein wenig näher her!"
Man lässt sich nicht zu lange bitten,
auf Tod und Leben wird gestritten,
der Teiler wird bezwungen, Spott
wird laut gesprochen, wird von allen kleinen Tieren
gesungen öffentlich: „Gerecht, gerecht ist Gott!
Die ganze Welt wollt' er! Er ganz allein regieren!"
„Ei wohl! Ihr kleinen Tier', ihr sagt die Wahrheit schön,
allein der arme Hirsch, den wir gedrittelt sehn,
wird der ein edler Hirsch einst wieder sein und bleiben?"
„Die Frage", sprach der Fuchs, „legt unserm Kanzler vor!
An meinem kleinen Teil, ich meine: Wie wir's treiben,
so geht's! Und kratze mich zuweilen hinter'm Ohr."

Der Löwe, der Fuchs und der Esel

Nach Äsop

Ein Löwe, ein Fuchs und ein Esel gingen miteinander auf die Jagd, nachdem sie vorher einig geworden waren, den Raub zu gleichen Teilen unter sich zu verteilen. Ihre Beute war groß. Der Esel erhielt vom Löwen den Befehl zur Teilung, die er auch so gewissenhaft als möglich veranstaltete, und dann den Löwen bat, zu wählen. Verärgert zerriss ihn der Löwe und übertrug dem Fuchs eine neue Teilung. Dieser häufte alles zusammen, legte den Esel obenauf und erbat sich nur ein Weniges für seine Mühe. „Schön, mein Freund", sagte der Löwe, „sage mir doch, wer hat dich so schön teilen gelehrt?" „Das Schicksal des Esels", war die Antwort des Fuchses.

Das Unglück eines anderen sollte dich lehren.

Der Löwe, der Tiger, der Wandersmann

Von Johann Wilhelm Ludwig Gleim

Ein Tiger, schrecklich anzusehn,
obgleich von außen schön,
fiel einen armen Wandersmann,
der vor sich hin, bei stillem Gang,
ein Morgenlied dem Schöpfer sang,
mit ausgestreckten Klauen an,
ihn zu zerreißen. – Was geschieht?
Ein edler Löwe sieht
die Heldentat aus seiner nahen Höhle
und, angespornt von seiner großen Seele,
fliegt er hervor, springt auf den Tiger,
hält ihn. – Rundum erschallt
von dem Gebrüll der weite Wald,
jedoch er ist des Feindes Sieger.
Von Blut noch mehr, als von Natur gefleckt,
liegt er vor ihm lang hingestreckt.
Er tritt auf ihn. – Der arme Wandersmann
fällt auf die Knie und fleht
den Helden um sein Leben an.
Der Löwe sieht ihn an und geht
zufrieden (seine große Seele
auf dem Gesicht) zurück in seine Höhle.

Der Löwe, der Wolf und der Fuchs

Nach Äsop

Ein alter Löwe lag krank in seiner Höhle, alle Tiere besuchten ihn, nur der Fuchs zögerte. Der Wolf ergriff diese erwünschte Gelegenheit, seinem Todfeind zu schaden, und brachte die harte Klage gegen ihn vor: Es sei Stolz und Verachtung, dass er seinem Herrn und König nicht den schuldigen Besuch mache. Wie der Wolf noch so sprach, kam gerade der Fuchs dazu und vernahm aus dem Schluss der Rede, dass er verleumdet wurde. Als er den Zorn des Löwen bemerkte, hatte er auch schon schnell eine List bei der Hand, um sich zu verteidigen. Demütig bat er den Löwen um die Erlaubnis, reden zu dürfen, und als er sie mit Mühe erhalten hatte, sprach er: „Gibt es wohl ein Tier, das mehr um das Leben unseres großmütigen Königs besorgt wäre als ich? Kaum hatte ich Kunde von Eurer Krankheit erhalten, als ich auch schon unermüdlich nach einem Mittel suchte, Eure Gesundheit herzustellen. Glücklich habe ich es vor einer Stunde gefunden." Bei dieser Rede legte sich der Zorn des Löwen und er fragte schnell, was das für ein Mittel sei. „Hülle deinen Bauch und deine Rippen", sagte der Fuchs, „in eine frisch abgezogene, noch warme Wolfshaut, so bist du wiederhergestellt." Erfreut ließ der Löwe dem Wolf lebendig die Haut abziehen. Dies Geschäft besorgte der Fuchs selbst und raunte dem Wolf zu: „Wie du mir, so ich dir."

Wer anderen eine Grube gräbt, fällt selbst hinein.

Der Löwe mit anderen Tieren auf der Jagd

Nach Äsop

Der Löwe, ein Schaf und andere Tiere gingen zusammen auf die Jagd. Der Löwe schwur, er wolle nach ihrer Zurückkunft alles Erbeutete mit ihnen redlich teilen. Als nun ein Hirsch in einem Sumpfe stecken blieb, wo gerade das Schaf Wache hielt, meldete dieses dem Löwen den Vorfall. Der Löwe eilte herbei, erwürgte den Hirsch und teilte die Beute in vier gleiche Teile. „Der erste Teil gehört mir", sagte er nun zu den Umstehenden, „weil ich der Löwe bin; der zweite, weil ich der Herzhafteste unter euch bin; den dritten müsst ihr mir als dem Stärksten überlassen und den werde ich auf der Stelle erwürgen, welcher mir den vierten abspricht." So behielt der Löwe den ganzen Hirsch, ohne dass es seine Jagdgenossen auch nur wagen durften, darüber zu klagen.

Mit einem starken Gewalttätigen gehe nicht gemeinschaftlich auf Geschäfte aus, er teilt immer zum Nachteil des Schwächeren.

Der Löwe und das Mäuschen
Nach Äsop

Ein Mäuschen lief über einen schlafenden Löwen. Der Löwe erwachte und ergriff es mit seinen gewaltigen Tatzen. „Verzeihe mir“, flehte das Mäuschen, „meine Unvorsichtigkeit und schenke mir mein Leben, ich will dir ewig dafür dankbar sein. Ich habe dich nicht stören wollen.“ Großmütig schenkte er ihr die Freiheit und sagte lächelnd zu sich: „Wie will wohl ein Mäuschen einem Löwen dankbar sein?“ Kurze Zeit darauf hörte das Mäuschen in seinem Loche das fürchterliche Gebrüll eines Löwen, lief neugierig dahin, von wo der Schall kam, und fand seinen Wohltäter in einem Netze gefangen. Sogleich eilte es herzu und zernagte einige Knoten des Netzes, sodass der Löwe mit seinen Tatzen das Übrige zerreißen konnte. So vergalt das Mäuschen die ihm erwiesene Großmut.

Selbst unbedeutende Menschen können bisweilen Wohltaten mit Wucher vergelten, darum behandle auch den Geringsten nicht übermütig.

Der Löwe und der Bär
Nach Äsop

Ein Fuchs war einmal auf Jagd gegangen, einen guten Bissen zu erbeuten. Er war noch nicht lange unterwegs, als er ein lautes Streiten vernahm. Ein Bär schlug mit seinen Tatzen nach einem Löwen und fauchte ihn wütend an: „Ich war der Erste beim Hirschkalb. Die Beute gehört mir, ich habe sie gefangen.“ „Nein!“, brüllte der Löwe zornig zurück. „Du lügst! Ich war als Erster hier und darum gehört die Beute mir.“ Er wehrte sich kräftig und schnappte mit seinen scharfen Zähnen nach dem Fell des Bären. Der Löwe und der Bär kämpften verbissen miteinander. Dem Fuchs erschien der Kampf endlos, denn nicht weit von ihm entfernt lag die Streitbeute und er musste sich zusammenreißen, dass er sich nicht gleich auf das Hirschkalb stürzte. Aber er war klug und sagte sich: „Sind die Streitenden erst erschöpft, so können sie mir nichts mehr anhaben.“ Als der Bär und der Löwe nach unerbittlichem Kampf endlich kraftlos zusammenbrachen, waren sie tatsächlich nicht mehr fähig, sich zu rühren. Der Fuchs schritt an ihnen vorbei und holte sich die Beute. Er verneigte sich höflich und sagte: „Danke, meine Herren, sehr freundlich, wirklich sehr freundlich!“ Lachend zog er mit dem Hirschkalb ab.

Wenn zwei sich streiten, freut sich der Dritte.

Der Löwe und der Esel

Nach Äsop

Der Löwe und der Esel schlossen ein Bündnis und gingen miteinander auf die Jagd. Zufällig kamen sie zu einer Höhle, in welcher wilde Ziegen waren. Der Löwe blieb beim Ausgange derselben stehen und bemächtigte sich der Herauskommenden, während der Esel in die Höhle trat und ein solches Geschrei machte, dass die erschreckten Tiere herausflohen. Nachdem der Löwe die meisten ergriffen hatte, trat der Esel ins Freie und fragte seinen Gefährten, ob er nicht tapfer gekämpft und die Ziegen ordentlich herausgescheucht habe. Der Löwe antwortete ihm: „Ich selbst hätte mich gefürchtet, wenn ich nicht gewusst hätte, dass du ein Esel bist.“

Diejenigen, welche sich Kundigen gegenüber rühmen, setzen sich mit Recht dem Gelächter aus.

Der Löwe und der Esel

Von Friedrich von Hagedorn

Ein Esel schleppt sich aus dem Luder;
ein Löwe kömmt ihm zu Gesicht;
zu diesem naht er sich und spricht:
„Ich grüße dich, mein lieber Bruder.“
Der Löwe stutzet und ergrimmt,
sobald er sich die Mühe nimmt,
dem Bruder ins Gesicht zu sehen.
Doch denkt er: „Einen edlen Mut
versöhnet nur ein tapfres Blut;
allein die Esel lässt man gehen.“

Der Löwe und der Fuchs

Von Johann Wilhelm Ludwig Gleim

„Herr Löwe“, sprach der Fuchs, „ich muss
dir‘s nur gestehen, mein Verdruss
hat sonst kein Ende:
Der Esel spricht von dir nicht gut;
er sagt: Was ich an dir zu loben fände,
das wiss‘ er nicht; dein Heldenmut
sei zweifelhaft; du gäbst ihm keine Proben
von Großmut und Gerechtigkeit,
du würgetest die Unschuld, suchtest Streit,
er könne dich nicht loben!“
Ein Weilchen schwieg der Löwe still,
dann sprach er: „Fuchs! Er spreche, was er will.
Denn, was von mir ein Esel spricht,
das acht‘ ich nicht!“

Der Löwe und die drei Tiger

Von Johann Wilhelm Ludwig Gleim

Ein Löwe schlummerte. Die Sorge für sein Reich
und seiner Völker Ruh ließ ihn nicht ruhig schlafen.
Er lag, wie auf den Sprung, gefasst auf jeden Streich,
die Feinde seines Reichs zu schrecken und zu strafen.
Drei Tiger sahen ihn. Der eine sprach: „Seht da!
Das ist der Augenblick, den Feind zu überfallen,
der uns zu mächtig ist, sein Reich gehört uns allen,
wir teilen's unter uns." Die andern sagten: „Ja!"
Errichteten sogleich einmütig einen Bund,
beschworen ihn. Der Schwur, so still des Ersten Mund
ihn lispelte, erscholl in des Monarchen Ohr,
der lauschte, kaum glaubte, was geschah.
Der zweite Tiger schwur. Was tat der Löwe da?
Er riss sich auf, er flog voll Heldenmut hervor,
saß auf des dritten Tigers Nacken,
eh er noch schwur, erwürget' ihn,
bekam den andern nur mit einer Klau zu packen,
der Dritte nahm die Flucht und nannte im Fliehn
den Löwen klug, trieb ein Gespötte
mit dem Verwundeten, der trabend nebenher
oft wiederholte: „Wir hätten ihn, wenn er
den Angriff abgewartet hätte."

Der Löwe und die Mücke

Nach Äsop

Eine Mücke forderte mit den übermütigsten Worten einen Löwen zum Zweikampf heraus: „Ich fürchte dich nicht, du großes Ungeheuer", rief sie ihm zu, „weil du gar keine Vorzüge vor mir hast, oder nenne sie mir, wenn du solche zu haben glaubst. Etwa die, dass du deinen Raub mit Krallen zerreißest und mit Zähnen zermalmest? Jedes andere feige Tier, wenn es mit einem Tapferen kämpft, tut dasselbe, es beißt und kratzt. Du sollst aber empfinden, dass ich stärker bin als du!" Mit diesen Worten flog sie in eines seiner Nasenlöcher und stach ihn so sehr, dass er sich vor Schmerz selbst zerfleischte und sich für überwunden erklärte. Stolz auf diesen Sieg flog die Mücke davon, um ihn aller Welt auszuposaunen, übersah aber das Gewebe einer Spinne und verfing sich in demselben. Gierig umarmte die Spinne sie und sog ihr das Heldenblut aus. Sterbend empfand die Mücke ihre Nichtigkeit, indem sie, die Besiegerin des Löwen, einem so verächtlichen Tiere, einer Spinne, erliegen musste.

Der Löwe und die Mücke

Von Gotthold Ephraim Lessing

Ein junger Held vom muntern Heere,
das nur der Sonnenschein belebt,
und das mit saugendem Gewehre
nach Ruhm gestochner Beulen strebt,
doch die man noch zum großen Glücke
durch zwei Paar Strümpfe hindern kann,
der junge Held war eine Mücke.
Hört meines Helden Taten an!
Auf ihren Kreuz- und Ritterzügen
fand sie, entfernt von ihrer Schar,
im Schlummer einen Löwen liegen,
der von der Jagd entkräftet war.
„Seht, Schwestern, dort den Löwen schlafen?“,
schrie sie die Schwestern gaukelnd an.
„Jetzt will ich hin und will ihn strafen.
Er soll mir bluten, der Tyrann!“
Sie eilt und mit verwegnem Sprunge
setzt sie sich auf des Königs Schwanz.
Sie sticht und flieht mit schnellem Schwunge,
stolz auf den sauern Lorbeerkranz.
Der Löwe will sich nicht bewegen?
„Wie, ist er tot? Das heiß ich Wut!“
Zu mörderisch war der Mücke Degen,
doch sagt, ob er nicht Wunder tut?
„Ich bin es, die den Wald befreiet,
wo seine Mordsucht sonst getobt.
Seht, Schwestern, den der Tiger scheuet,
der stirbt! Mein Stachel sei gelobt!“
Die Schwestern jauchzen, voll Vergnügen,
um ihre laute Siegerin.
„Wie? Löwen, Löwen zu besiegen!
Wie, Schwester, kam dir das in Sinn?“
„Ja, Schwestern, wagen muss man! Wagen!
Ich hätt es selber nicht gedacht.
Auf! Lasset uns mehr Feinde schlagen!
Der Anfang ist zu schön gemacht.“
Doch unter diesen Siegesliedern,
da jene von Triumphen sprach,
erwacht der matte Löwe wieder
und eilt erquickt dem Raube nach.

Der Löwe und die Ziege

Nach Äsop

Auf einem sehr steilen Felsen erblickte ein Löwe eine Ziege. „Komm doch“, rief er ihr zu, „auf diese schöne fette Wiese herab, wo du die trefflichsten Gräser und Kräuter findest, während du dort oben darbst.“ „Ich danke dir schön für dein Anerbieten“, sprach die kluge Ziege, die sehr wohl die Absicht des Löwen erkannte. „Dir liegt mehr an meinem Fleisch als an meinem Hunger. Hier oben bin ich vor dir sicher, während du mich dort unten sofort verschlingen würdest.“

Trau, schau, wem?

Der Marder, der Fuchs und der Wolf

Von Friedrich von Hagedorn

Ein Marder fraß den Auerhahn,
den Marder würgt‘ ein Fuchs,
den Fuchs des Wolfes Zahn.

Mein Leser, diese drei bewähren,
wie oft die Größern sich
vom Blut der Kleinern nähren.

Der Maulwurf und der Hamster

Von Johann Wilhelm Ludwig Gleim

In die gefüllte Speisekammer
des Hamsters grub sich einst ein Maulwurf ein.
„Hier“, sprach er klagend, „hier wird meines Hungers Jammer
einmal am Ende sein!
Acht Tage schon hab ich gegraben
und nichts gefunden, mich zu laben,
Gottlob!“ –
Indem er‘s sagt, entsteht
ein großer Lärm, der Hamster kommt gesprungen,
„Dieb! Räuber! Mörder!“ – Gnade fleht
der arme Hungrige! Gekämpfet und gerungen
auf Leben und auf Tod, wie in Amerika,
wird in der allzu engen Kammer.
Der arme Maulwurf stirbt und endigt seinen Jammer.
So wären, wenn‘s geschah,
die Tiere ja
so grausam wie die Menschen? Nein!
Es kann wohl nicht geschehen sein.

Der Mensch und das Rebhuhn

Nach Äsop

Ein Mensch wollte ein Rebhuhn schlachten, als dieses aufs Kläglichste bat, sein Leben zu schonen; es wolle, versprach es, aus Erkenntlichkeit eine Menge Rebhühner in seine Netze locken. „Oh, wie schlecht ist das von dir“, antwortete der Mensch, „und umso mehr will ich dich umbringen, weil du niederträchtig genug bist, um dich zu retten, deine Freunde ins Verderben zu stürzen.“

Ein edler Mensch wird nie, um sich herauszuziehen, andern Verderben bereiten.

Der mit Salz beladene Esel

Nach Äsop

Ein mit Salz beladener Esel musste durch einen Fluss, fiel hin und blieb einige Augenblicke behaglich in der kühlen Flut liegen. Beim Aufstehen fühlte er sich um einen großen Teil seiner Last erleichtert, weil das Salz im Wasser geschmolzen war. Langohr merkte sich diesen Vorteil und wandte ihn gleich am folgenden Tage an, als er mit Schwämmen belastet durch ebendiesen Fluss ging. Diesmal fiel er absichtlich nieder, sah sich aber arg getäuscht. Die Schwämme hatten nämlich das Wasser angezogen und waren bedeutend schwerer als vorher. Die Last war so groß, dass er erlag.

Sei vorsichtig mit Mitteln: Das eine dient nicht für jeden Fall.

Der Papagei

Von Friedrich von Hagedorn

In Kuba war ein Papagei,
den neckt' ein jeder um die Wette,
kein einziger gestand,
dass er gelehrig sei,
noch dass ihn die Natur recht schön befiedert hätte.
Er wird drauf nach Madrid gebracht,
da übertrifft sein Witz die klügsten Papageien.
Sooft der muntre Sittich lacht,
sooft er etwas nachgemacht,
scheint über seine Kunst sich alles zu erfreuen,
sogar sein ernster Herr in seiner Brillenpracht.
Er tröstet sich in diesem Stande,
wo seinem Wunsche nichts gebricht.
„Schaut“, spricht er, „Kluge gelten nicht,
als außer ihrem Vaterlande.“

Der Pfau und die Dohle

Nach Äsop

Ein Pfau und eine Dohle stritten sich um die Vorzüge ihrer Eigenschaften. Der Pfau brüstete sich mit dem Glanz, der Farbe und der Größe seiner Federn. Die Dohle gab all dieses zu und bemerkte nur, dass alle diese Schönheiten zur Hauptsache nicht taugten – zum Fliegen. Sie flog auf und beschämt blieb der Pfau zurück.

Sei nicht stolz auf bloß äußerliche Vorzüge.

Der Rabe und der Fuchs

Von Jean de La Fontaine

Ein Rabe saß auf einem Baum und hielt im Schnabel einen Käse, den wollte er verzehren. Da kam ein Fuchs daher, der vom Geruch des Käses angelockt war. „Ah, guten Tag, Herr von Rabe!“, rief der Fuchs. „Wie wunderbar Sie aussehen! Wenn Ihr Gesang ebenso schön ist wie Ihr Gefieder, dann sind Sie der Schönste von allen hier im Walde!“ Das schmeichelte dem Raben und das Herz schlug ihm vor Freude höher. Um nun auch seine schöne Stimme zu zeigen, machte er den Schnabel weit auf – da fiel der Käse hinunter. Der Fuchs schnappte ihn auf und sagte: „Mein guter Mann, nun haben Sie es selbst erfahren: Ein Schmeichler lebt auf Kosten dessen, der ihn anhört – diese Lehre ist mit einem Käse wohl nicht zu teuer bezahlt.“ Der Rabe, bestürzt und beschämt, schwur sich zu, dass man ihn so nicht wieder anführen sollte – aber es war ein bisschen zu spät.

Der Rabe und die Pfauen

Von Johann Wilhelm Ludwig Gleim

Auf eines Fürsten Hof ging eine Menge Pfauen.
Ein Aufzug, welchen anzuschauen
kein Auge müde ward. Denn, jeder trug sein Rad
voll Farben, wie sie nur der Regenbogen hat,
gebreitet hinter sich, und tat recht stolz darauf.
Zwar fielen manchen schöne Federn
aus den emporgetragnen Rädern,
doch nicht umsonst. Ein Rabe las sie auf,
bestach sich um und um damit,
spazierete mit abgemessnem Schritt
in die Versammlung rechter Pfauen
und brüstete sich auch und ließ sich auch beschauen.
Wie aber ging es ihm? Man unterschied ihn bald,
nahm unbarmherzig ihm den fremden Zierrat ab,
biss ihn und schalt ihn Dieb und gab
dem armen Schelm die vorige Gestalt.
So leicht gestraft ging er mit Freuden wieder
in die Gesellschaft seiner Brüder,
allein da kam er übler an.
Denn sein Vergehn war ihnen kundgetan.
Sie lachten alle laut und spotteten und schrien:
„Herr Pfau! Herr Pfau!“, und fielen über ihn
und rauften mit Gewalt
ihm alle Federn aus,
doch rettet‘ er sich noch in eines Dichters Haus
in kläglicher, erbärmlicher Gestalt.

Der Rat der Mäuse

Von Jean de La Fontaine

Die Mäuse in der Stadt liebten die Scheune des Bäckermeisters Semmelreich sehr, denn dort fanden sie Körner, Mehl und Zucker in Hülle und Fülle. Auch war die Backstube nicht weit von der Scheune entfernt und die fleißigen Mäuschen hatten sich so manchen Zugang zu diesem verlockenden Raum genagt. Der Bäckermeister Semmelreich hingegen liebte seine kleinen, fress-fröhlichen Gäste gar nicht so sehr, denn er konnte die vielen angenagten Brote und Kuchen nicht mehr verkaufen. Um seine anhänglichen Plagegeister loszuwerden, schaffte er sich zwei Katzen an, welche den ungebetenen Eindringlingen ein elendes Leben bereiteten. Mit wahrer Leidenschaft jagten sie die kleinen Diebe. Viele von ihnen fanden den Tod und die Meisten, die sich retten konnten, verließen schleunigst Semmelreichs Brotparadies. Einige Mäuse aber wollten das unerschöpfliche Körner- und Kuchenreich nicht kampflos aufgeben. Sie versteckten sich gut und ersannen immer wieder neue Tricks, um an die Nahrung heranzukommen. Einmal hatten freche Buben die beiden Katzen eingefangen und die Mäuse konnten sich wieder frei bewegen. Sie erkannten die günstige Gelegenheit und nutzten die Zeit. Eine Versammlung wurde veranstaltet, auf der über die beiden grimmigen Jäger beraten werden sollte. Das älteste Mäuschen stellte sich auf seine Hinterbeine und sprach in ernstem Ton: „Die beiden Katzen vermauern uns unser sonst so süßes Leben. Lasst uns gründlich überlegen, wie wir uns von ihnen befreien oder wenigstens die Gefahr vermindern können." Alle Mäuse dachten angestrengt nach und zergrübelten sich ihr Mäusehirn. Sie machten vielerlei Vorschläge und verwarfen sie dann nach reiflicher Prüfung doch wieder. Lange hockten sie so beisammen. Da sprang ein junger Mäuserich auf und trompetete mit seinem Piepsstimmchen: „Ich hab's, ich weiß, wie wir mit diesen gemeinen Leisetretern fertig werden." Gespannt schauten alle auf. „Es ist ganz einfach! Denkt an den Hund des Bäckermeisters, der ein Halsband mit Schellen trägt. Wir binden den beiden Katzen eine Glocke um den Hals, dann können sie uns nicht mehr überraschen, und wir hören immer, wann sie nahen, und können uns rechtzeitig in Sicherheit bringen."

Brausender Beifall brach los und mit stürmischer Begeisterung wurde der Vorschlag angenommen. Sofort wurden zwei mutige Mäuschen in den Keller geschickt, denn man hatte dort einmal eine Schachtel entdeckt, in der der Bäckermeister Semmelreich ein altes Halsband von seinem Hund aufbewahrte. Von diesem sollten die beiden wackeren Mäuse zwei Glöckchen abnagen und herbeibringen. Ein dritter tapferer Mäuserich bot freiwillig an, aus der Backstube zwei Bänder zu besorgen. Während die drei Helden unterwegs waren, feierten die anderen Mäuse den klugen Mäuseknirps. Sie konnten ihn nicht genug loben und bald waren sich alle darin einig, dass es nie zuvor einen so weisen Mäuserich gegeben hatte und dass man ihn mit hohen Ehren auszeichnen müsste. Gerade hatte man beschlossen, ihm den großen Brezel-Orden zu verleihen, da hörte man ein Gebimmel und die beiden Mäuse zerrten die Glocken herbei. Gleich darauf kam auch die dritte Maus zurück und zog einen langen Strick hinter sich her. „Der genügt für beide", meinte sie und zerbiss ihn in der Mitte. Der Mäuseälteste hatte die ganze

Zeit über geschwiegen und düster vor sich hingestarrt. Er hatte in seinem Leben schon so viele böse Erfahrungen gemacht, dass er ein misstrauischer, verschlossener Tropf geworden war. „Klug ist unser kleiner Held", raunzte er, „das ist nicht zu bezweifeln. Er ist der Weiseste von uns allen und wird uns bestimmt jetzt noch verraten, wie er diese Warnsignale den beiden großen Jägern um den Hals bindet."
„Wieso ich?", prustete der kleine Wicht aufgebracht. „Ich hatte bereits eine Idee, jetzt seid ihr an der Reihe. Strengt euch auch einmal an." Da erhob sich ein wildes Gezeter und alle schrien durcheinander: „Ich habe ein Glöckchen besorgt!" „Ich auch!" „Ich habe den Strick gemopst." „Ich bin doch nicht lebensmüde!" „Ich auch nicht." „Das ist zu gefährlich!" „Viel zu gefährlich!" Der kleine Prahlhans zog sich aber verlegen in seinen Schlupfwinkel zurück. „Passt auf, die Katzen!", rief auf einmal einer und die Versammlung stob auseinander. „Leeres Gerede", brummte der Mäuseälteste und zog ein Mäusekind am Schwanz in sein Nest, das in der Aufregung sein Loch nicht finden konnte und einer Katze fast in die Fänge gelaufen wäre, „was nützen die klügsten Worte, wenn man sie nicht in die Tat umsetzen kann?"

Der Raupenfänger

Von Johann Heinrich Pestalozzi

Sie flog vor ihm als Schmetterling einher. Er jagte ihr durch Feld und Flur nach; aber das Volk, das die Erde bebaute, klagte, er verderbe ihm mit seinem Tun sein Gras und sein Korn. Sie kroch vor ihm auf dem wachsenden Kohlstock, auf dem blättervollen Baum und an der grünenden Hecke; er haschte sie wieder; – aber sie starb in seiner Hand und er warf sie als ein faulendes Aas weg. Jetzt hing sie am sich entblätternden Baume und an den kahlen Wänden des Hauses, er haschte sie noch einmal und wartet jetzt, bis ihre tote Larve für ihn sicher zum Leben erwacht.

Merke: Wenn du die Wahrheit suchst, so jage ihr nicht nach, hasche nicht nach ihr, warte ihrer in Liebe, Ruhe und Geduld. Tust du dieses, sie kommt selbst zu dir; sie klopft an deiner Türe an und will Wohnung bei dir machen; besonders aber jag ihr nicht nach, wenn sie vor dir in den Lüften schwebt und von dir wegfliegt. Jagst du ihr dann nach, so zertrittst du mit deinen Jagdsprüngen nach ihr Segenswahrheiten, die du schon im Besitz hast und die dir ohne alles Maß mehr wert sind als die, denen du nachjagst. Am allerwenigsten reiße die Wahrheit, wenn sie vor deinen Augen, zu deinen Füßen gedeiht, mit harter, frevelnder Gewalt von dem Platze weg, auf dem sie Nahrung findet, um sie, ohne Rücksicht auf ihre Nahrung, hinzutragen, wo es dich gelüstet. Tust du dieses, so wird sie in deiner Hand zum stinkenden Aas. Nur allein, wenn du der Wahrheit, in welchem Zustand sie auch vor dir steht, wäre es auch in einer tot scheinenden Hülle, mit Ruhe, Geduld und Liebe wartest, bis sie für dich sich zum Leben entfaltet, nur dann wird die Wahrheit, die du suchst, heilige, segnende Wahrheit, nur dann wird sie für dich wirkliche Wahrheit sein.

Der Sack und die Mäuse

Von Wilhelm Busch

Ein dicker Sack voll Weizen stand
auf einem Speicher an der Wand.
Da kam das schlaue Volk der Mäuse
und pfiff ihn an in dieser Weise:
„Oh, du da in der Ecke,
Großmächtigster der Säcke!
Du bist ja der Gescheiteste,
der Dickste und der Breiteste!
Respekt und Referenz
vor Eurer Exzellenz!“
Mit innigem Behagen hört
der Sack, dass man ihn so verehrt.
Ein Mäuslein hat ihm unterdessen
ganz unbemerkt ein Loch gefressen.
Es rinnt das Korn in leisem Lauf,
die Mäuse knuspern’s emsig auf.
Schon wird er faltig, krumm und matt.
Die Mäuse werden fett und glatt.
Zuletzt, man kennt ihn kaum noch mehr,
ist er kaputt und hohl und leer.
Jetzt ziehn sie ihn von seinem Thron,
ein jedes Mäuslein spricht ihm Hohn,
und jedes, wie es geht, so spricht’s:
„Empfehle mich, Herr Habenichts!“

Der Sänger und die Kunstrichter

Von Johann Wilhelm Ludwig Gleim

Die Nachtigall sang Elegien
und Oden oder Threnodien
dem ganzen Vogelchor
in einem stillen Walde vor.
Nicht weit davon hob sich die Lerche hoch empor
in ihre freie Luft
und sang, indes der Kuckuck ruft,
mit ihrer kleinen hellen Kehle
Lust und Zufriedenheit dem Wandrer in die Seele.
Die Nachtigall singt trauriger und bänger
ihr Schmerzenslied!
Die Lerche, die sich überwunden sieht,
hört auf und will gestreng, die Nachtigall gestrenger
gerichtet sein!
Kein Richter meldet sich, zu richten diese Sänger!
Bis endlich noch ein Denker, ein Uhu,
aus einem hohlen Baume spricht:
„Du Nachtigall! Und Lerche, du!
Vollkommen singt ihr nicht!
Ach, wie so schwer trifft man die Mittelstraße doch!
Der Eine fällt zu tief, der Andre steigt zu hoch!“

Ihr guten Sänger, welch ein Richter!
Von meinem Uz, dem Liederdichter,
und meinem Klopstock, der, ein Adler, sich erhebt,
in Gottes Sonne sieht, hoch über Wolken schwebt,
sprach, schon vor zwanzig Jahren am Parnass,
ein Uhu eben das!

Der Schwan und die Ente

Von Johann Wilhelm Ludwig Gleim

Ein edler Schwan, so weiß wie Schnee,
bereiste seinen Strom, die Spree,
mit ausgespannetem Gefieder.
Ein' Ente schwamm ihm nach: „Gevatter! Vetter Schwan!",
fing sie sogleich zu schnattern an,
„singt ihr denn keine Lieder?
Ihr schweigt, ich weiß in Wahrheit nicht warum?
Seid Ihr denn etwa stumm?"
„Frau Ent'", antwortete der Schwan,
„weil wie die Nachtigall ich doch nicht singen kann,
so schweig ich lieber
und wund're mich darüber,
dass Ihr mit Eurem Schnatterton
nicht schweigt! Bekommt Ihr Lohn?
Ihr singt, ich weiß in Wahrheit nicht warum?
Seid Ihr denn etwa dumm?"
„Was?", sprach die Ente, „dumm wär ich?
Bekümm're dich um dich!"
Sie schnatterte viel Schimpf,
der Schwan sprach nicht ein Wort
und setzte seine Reise fort!

Der Sperber und die Lerche

Von Johann Wilhelm Ludwig Gleim

Die kleine Lerche sah den blauen Himmel an
und schwebte singend hin und wieder
und ließ auf ihre Flur sich langsam singend nieder,
da schoss mit schlagendem Gefieder
aus seinem Busch hervor ein Sperber, ein Tyrann,
und grausam sie verzehrend, sprach er: „Hören
konnt' ich sie länger nicht. Ich musste sie verzehren,
weil ich, wie sie, nicht singen kann!"

Der Stierkampf und die Frösche

Von Johann Wilhelm Ludwig Gleim

Zwei Stiere hatten Krieg und wendeten die Kraft
der Knochen wider sich und in der Nachbarschaft
des Angers, wo der Kampf geschah,
war eine Froschprovinz. Ein Frosch, der weiter sah
als sein Bruder, sprach: „Ach, Himmel! Sehet da
die fürchterliche schwarze Wolke
des Unglücks über uns! Sie drohet unserm Volke
Vernichtung, Untergang!
Des großen Stiergeschlechts Erbitterung und Zank
wird uns …"
„Was sorgst du doch?", sagt einer, der es hört,
„Ich seh die Wolke nicht, die deine Ruhe stört!"
„Sie streiten; wer von ihnen beiden
der Herde Mann sein soll, das wollen sie entscheiden!
Das wollen sie; allein, was ist davon die Frucht?
Der Überwundene muss fliehen; auf der Flucht
verfolgt der Sieger ihn und der Besiegte sucht
in unsers Sumpfes hohem Rohr
Beschirmung! Ach, und unser Chor
wird jämmerlich zertreten! Meinst du nicht?"
Indem das Brüderpaar noch miteinander spricht,
verliert der eine Stier die Schlacht,
entflieht, der Sieger folgt und der Besiegte macht
das hohe Schilf im Sumpf zur Freistatt und zertritt
das arme Froschgeschlecht und beide Sprecher mit.

Der Strahl und der Graswurm

Von Johann Heinrich Pestalozzi

„Die Menschen klagen so viel über mich und ich nage doch nur an einem armseligen Blatt, du hingegen verbrennst Häuser und Dörfer." Also sagte der Graswurm zum schrecklichen Strahl. „Kleiner Heuchler!", donnerte ihm dieser herunter, „du verheerst mit stillem Blätterfressen weit mehr als ich mit meiner lauten gewaltigen Kraft."

Unbemerkte, aber in die Fundamente des häuslichen Wohls des niederen Volkes tief eingreifende Landesübel, von denen du oft jahrelang keinen öffentlichen Laut hörst, wirken gemeiniglich weit verderblicher als einzelne Verheerungen und Schrecknisse, von denen die Jahrbücher aller Länder voll sind.

Der Tanzbär

Von Christian Fürchtegott Gellert

Ein Bär, der lange Zeit sein Brot ertanzen müssen,
entrann, und wählte sich den ersten Aufenthalt.
Die Bären grüßten ihn mit brüderlichen Küssen
und brummten freudig durch den Wald.
Und wo ein Bär den andern sah,
so hieß es: „Petz ist wieder da!"
Der Bär erzählte drauf, was er in fremden Landen
für Abenteuer ausgestanden,
was er gesehn, gehört, getan!
Und fing, da er vom Tanzen red'te,
als ging er noch an seiner Kette,
auf polnisch schön zu tanzen an.
Die Brüder, die ihn tanzen sahn,
bewunderten die Wendung seiner Glieder
und gleich versuchten es die Brüder.
Allein anstatt, wie er, zu gehn,
so konnten sie kaum aufrecht stehn
und mancher fiel die Länge lang danieder.
Um desto mehr ließ sich der Tänzer sehn,
doch seine Kunst verdross den ganzen Haufen.
„Fort", schrien alle, „fort mit dir!
Du Narr willst klüger sein als wir?"
Man zwang den Petz, davonzulaufen.

Sei nicht geschickt, man wird dich wenig hassen,
weil dir dann jeder ähnlich ist;
doch je geschickter du vor vielen andern bist,
je mehr nimm dich in Acht, dich prahlend sehn zu lassen.
Wahr ist's, man wird auf kurze Zeit
von deinen Künsten rühmlich sprechen,
doch traue nicht, bald folgt der Neid
und macht aus der Geschicklichkeit
ein unvergebliches Verbrechen.

Der Tier-Adel

Von Johann Wilhelm Ludwig Gleim

In Ursomania studieren alle Tiere,
die Elefanten und die Stiere,
kurz: alle. Keins bekommt ein Amt,
das nicht aus altem Hause stammt,
so durch Gelehrsamkeit groß und berühmt geworden,
auch kommen an den Hof und in die Ritter-Orden
ungraduierte Tiere nicht.
Ein jedes muss zwölf Ahnen erst beweisen,
die in der Zahl der Dichter und der Weisen
sich ritterlich hervorgetan,
eh es bei Hof erscheinen kann.
Und dann, wenn es ein Amt begehrt,
wird es gefragt: „Bist du, wie sie, gelehrt?
Hast du, wie sie, die Jugend
im Dienst der Musen zugebracht?
Warst du, wie sie, ein Mann von Tugend
(das ist, nach ihrer Art, ein Mann von Stande)
zu werden, stets, von Jugend auf, bedacht?“
Denn, Tugend und Gelehrsamkeit
sind ungetrennt in diesem Lande
und fast auch einerlei. Der ist ein Held
und wird mit stolzen Ehrensäulen
belohnt, zu dem die Weisen eilen,
Weisheit zu lernen.
Freund, gefällt
dir dieser Adel? Sprich!
Wär er bei uns, so hätte dich
dein Frühling, den Apoll und alle Musen loben,
in diesen Adelsstand erhoben.

Der Tiger und der Fuchs

Von Novalis

„Tiger“, sprach der Löwe zu seinem Favoriten, „ich kann den Fuchs nicht mehr ausstehn, er spöttelt unaufhörlich, schafft mir ihn mit guter Manier vom Halse.“ Freudig lief der Tiger zum Fuchse: „Nichtswürdiger; du hast die Königin beleidigt.“ „Wann denn?“, sagte der Fuchs. „Ich weiß nichts davon.“ „So hast du doch erst gestern den König verleumdet.“ „Das ist eine ebenso schändliche Lüge wie die erste!“, schrie der Fuchs. „O, himmelschreiendes Verbrechen! Du beschuldigst mich der Lügen! Das muss ich rächen!“ Und hiermit fraß er ihn auf.

Der Vogelsteller und die Schlange

Nach Äsop

Ein Vogelsteller nahm Leim und Rohre und ging hinaus auf den Fang. Als er auf einem hohen Baum eine Drossel sitzen sah, befestigte er die Rohre der Länge nach aneinander und blickte in der Absicht, sie zu fangen, in die Höhe. Da trat er unvermerkt auf eine unter seinen Füßen liegende Schlange. Diese wurde zornig und biss ihn; er aber sagte noch im Verscheiden: „O, ich Elender, während ich einen andern fangen wollte, bin ich selber von einem andern in den Tod gejagt worden.“

Wer seinem Nebenmenschen nachstellt, kann oft unversehens von andren das Gleiche erfahren.

Der Wiedehopf und die Nachtigall

Von Johann Wilhelm Ludwig Gleim

Der grauen Nachtigall pries sein gekröntes Haupt
ein schöner Wiedehopf. „Mein Weibchen“, sprach er, „glaubt,
du wärest hässlich gegen mich.“
„Das könnte sein!“, erwiderte
die Nachtigall und flog
auf einen hohen Baum und sang!
Die Wandrer alle blieben stehn
und sagten: „Wie so schön!
Ach, welch ein Klang!“
Das hört‘ der Wiedehopf, flog neidisch hin und her,
und keiner sprach: Wie schön ist er!
Denn für die kleine Philomele
war alles Ohr!

Man zieht gemeiniglich doch eine schöne Seele
dem schönsten Körper vor.

Der wilde Hund

Nach Äsop

Ein wilder Hund fror im Winter jämmerlich. Er kroch in eine Höhle, rollte sich zusammen, zitterte vor Kälte und sprach vor sich hin: „Wenn es nur wieder Sommer und warm wird, dann will ich mir eine Hütte bauen, damit ich im nächsten Winter nicht mehr frieren muss." Als aber der Sommer mit seiner wohltuenden Wärme kam, hatte er seine guten Vorsätze vergessen. Er lag da, reckte und streckte sich, blinzelte behaglich in die Sonne und dachte nicht mehr daran, sich eine Hütte zu bauen. Der nächste Winter war bitterkalt und der Hund musste erfrieren.

Der Wolf und das kranke Lamm

Von Josef Haltrich

Ein hungriger Wolf – hungrig ist eigentlich jeder Wolf immer – traf ein krankes Lamm auf einer Wiese. Da erkundigte er sich scheinbar teilnehmend nach der Krankheit und versprach seinen Beistand. Das Lamm aber lehnte die Hilfe des Garstigen, wie sehr er sie auch aufdrängen wollte, beharrlich ab und sagte: „Lasse mich nur in Ruhe; ich werde mir schon selbst helfen!" „Nein!", rief der Wolf, „ich kann das mit meinen Augen nicht sehen, wie du leidest; ich will ja nur dein Bestes!", packte damit das arme Lamm und zerriss es.

Der Wolf und das Lamm

Von Jean de La Fontaine

Der Starke hat immer Recht. Das werden wir sogleich sehen. Ein Lamm löschte seinen Durst in einem klaren Bache. Dabei wurde es von einem hungrigen Wolf überrascht. „Wie kannst du es wagen", rief er wütend, „mir meinen Trank zu trüben? Für diese Frechheit musst du bestraft werden!" „Ach, mein Herr", antwortete das Lamm, „seien Sie bitte nicht böse. Ich trinke ja zwanzig Schritte unterhalb von Ihnen. Daher kann ich Ihnen das Wasser gar nicht trüben." „Du tust es aber doch!", sagte der grausame Wolf. „Und außerdem weiß ich, dass du im vergangenen Jahre schlecht von mir geredet hast." „Wie soll ich das wohl getan haben", erwiderte das Lamm, „ich war da ja noch gar nicht geboren." „Wenn du es nicht tatest, dann tat es dein Bruder!" „Ich habe aber keinen Bruder." „Dann war es eben irgendein anderer aus deiner Familie. Ihr habt es überhaupt immer auf mich abgesehen, ihr, eure Hirten und eure Hunde. Dafür muss ich mich rächen." Mit diesen Worten packte der Wolf das Lamm, schleppte es in den Wald und fraß es einfach auf.

Der Wolf und das Pferd

Von Friedrich von Hagedorn

An einem schönen Frühlingsmorgen
betrat ein Wolf voll Nahrungssorgen
der fetten Anger keimend Grün.
Da sah er mit erwünschten Freuden
ein wohlbefleischtes Füllen weiden,
das seinen Zähnen reizend schien.
Er hatte große Lust zur Beute,
nur dass er jeden Gegner scheute,
der stärker war als Lamm und Schaf.
Drum sollt' es ihm durch List gelingen,
den jungen Streiter zu bezwingen,
der an Gewalt ihn übertraf.
Er nähert sich dem stolzen Pferde.
Er schwört, dass auf der ganzen Erde
kein Wurzelmann ihm ähnlich sei.
„Erhabner Houyhnhum", spricht er weiter,
„ich kenne Stauden, Pflanzen, Kräuter,
von hier bis in die Tartarey.
Ich kann den Kranken Hülf erteilen,
Spatt, Kropf, Geschwulst und alles heilen,
dem andrer Helfer Rat gebricht.
Mir müssen Krampf und Würmer weichen,
den Koller weiß ich wegzuscheuchen
und was versteh ich sonsten nicht!
Itzt bin ich darum hier erschienen,
mit meiner Wissenschaft zu dienen,
wenn Ihnen diese raten kann.
Sie gehn zu frei, zu rasch im Felde,
dies zeigt, dass ich die Wahrheit melde,
uns Ärzten nicht viel Gutes an.
Dürft ich, weil Sie zu sehr sich regen,
ein Band um Ihre Schenkel legen,
gewiss, Sie sollten Wunder sehn.
Ich fordre nichts für Kur und Mühe,
weil ich den Geiz vor allem fliehe,
die Heilung soll umsonst geschehn."
Das Füllen dankt ihm und versetzet:
„Ich habe mich am Huf verletzet
und spüre dort die schwerste Pein.
Herr Doktor! Kommt, beseht den Schaden,

könnt Ihr der Schmerzen mich entladen?“
„Nichts“, spricht der Wolf, „wird leichter sein.“
Er will auch keine Zeit verlieren
und stellt, den Anschlag auszuführen,
sich unverzüglich hinters Pferd.
Das will, aus gleich geschwinden Pflichten,
ihm zum Voraus den Lohn entrichten.
„Ein Arzt ist seines Lohnes wert.“
Der Houyhnhum sucht, ihn klug zu machen,
schlägt aus, zerquetscht des Wolfes Rachen
und wiehert ihm die Worte zu:
„Nichts gibt ein größeres Vergnügen,
als den Betrüger zu betrügen.
Freund! Das beweisen ich und du!“

Der Wolf und der Fuchs

Von den Brüdern Grimm

Der Wolf hatte den Fuchs bei sich und was der Wolf wollte, das musste der Fuchs tun, weil er der Schwächste war, und der Fuchs wäre gerne den Herrn los gewesen. Es trug sich zu, dass sie beide durch den Wald gingen, da sprach der Wolf: „Rotfuchs, schaff mir was zu fressen, oder ich fresse dich selber auf." Da antwortete der Fuchs: „Ich weiß einen Bauernhof, wo ein paar junge Lämmlein sind, hast du Lust, so wollen wir eins holen." Dem Wolf war das recht, sie gingen hin, und der Fuchs stahl das Lämmlein, brachte es dem Wolf und machte sich fort. Da fraß es der Wolf auf, war aber damit noch nicht zufrieden, sondern wollte das andere dazuhaben und ging, es zu holen. Weil er es aber so ungeschickt machte, ward es die Mutter vom Lämmlein gewahr und fing an, entsetzlich zu schreien und zu blähen, dass die Bauern herbeigelaufen kamen. Da fanden sie den Wolf und schlugen ihn so erbärmlich, dass er hinkend und heulend bei dem Fuchs ankam. „Du hast mich schön angeführt", sprach er, „ich wollte das andere Lamm holen, da haben mich die Bauern erwischt und haben mich weich geschlagen." Der Fuchs antwortete: „Warum bist du so ein Nimmersatt?" Am andern Tag gingen sie wieder ins Feld, da sprach der gierige Wolf abermals: „Rotfuchs, schaff mir was zu fressen, oder ich fresse dich selber auf." Da antwortete der Fuchs: „Ich weiß ein Bauernhaus, da backt die Frau heut Abend Pfannkuchen, wir wollen uns davon holen." Sie gingen hin und der Fuchs schlich ums Haus herum, guckte und schnupperte so lange, bis er ausfindig machte, wo die Schüssel stand, zog dann sechs Pfannkuchen herab und brachte sie dem Wolf. „Da hast du zu fressen", sprach er zu ihm und ging seiner Wege. Der Wolf hatte die Pfannkuchen in einem Augenblick hinuntergeschluckt und sprach: „Sie schmecken nach mehr", ging hin und riss geradezu die ganze Schüssel herunter, dass sie in Stücke zersprang. Da gab's einen gewaltigen Lärm, dass die Frau herauskam, und als sie den Wolf sah, rief sie die Leute, die eilten herbei und schlugen ihn, was das Zeug wollte halten, dass er mit zwei lahmen Beinen laut heulend zum Fuchs in den Wald hinauskam. „Was hast du mich garstig angeführt!", rief er, „die Bauern haben mich erwischt und mir die Haut gegerbt." Der Fuchs aber antwortete: „Warum bist du so ein Nimmersatt?"

Am dritten Tag, als sie beisammen draußen waren und der Wolf mit Mühe nur forthinkte, sprach er doch wieder: „Rotfuchs, schaff mir was zu fressen, oder ich fresse dich selber auf." Der Fuchs antwortete: „Ich weiß einen Mann, der hat geschlachtet und das gesalzene Fleisch liegt in einem Fass im Keller, das wollen wir holen." Sprach der Wolf: „Aber ich will gleich mitgehen, damit du mir hilfst, wenn ich nicht fortkann." „Meinetwegen", sprach der Fuchs, und zeigte ihm die Schliche und Wege, auf welchen sie endlich in den Keller gelangten. Da war nun Fleisch im Überfluss und der Wolf machte sich gleich daran und dachte: „Bis ich aufhöre, hat's Zeit." Der Fuchs ließ sich's auch gut schmecken, blickte überall herum, lief aber oft zu dem Loch, durch welches sie gekommen waren, und versuchte, ob sein Leib noch schmal genug wäre, durchzuschlüpfen. Sprach der Wolf: „Lieber Fuchs, sag mir, warum rennst du so hin und her und springst hinaus und herein?" „Ich muss doch sehen, ob niemand kommt", antwortete der Listige, „friss nur nicht zu viel.“ Da sagte der Wolf: „Ich gehe nicht eher fort, als bis das Fass leer ist.“ Indem kam der Bauer, der den Lärm von des Fuchses Sprüngen gehört hatte, in den Keller. Der Fuchs, wie er ihn sah, war mit einem Satz zum Loch draußen. Der Wolf wollte nach, aber er hatte sich so dick gefressen, dass er nicht mehr durchkonnte, sondern stecken blieb. Da kam der Bauer mit einem Knüppel und schlug ihn tot. Der Fuchs aber sprang in den Wald und war froh, dass er den alten Nimmersatt los war.

Der Wolf und der Hund

Von Friedrich von Hagedorn

Ein abgezehrter Wolf, ein Bild der Dürftigkeit,
sah einen feisten Hund bei Nacht umherspazieren,
zwar stand sein Wanst ihm an, doch hielt er‘s für gescheit,
bei diesem Fremden sich manierlich aufzuführen.
Er schien, vor großer Lust, ganz außer sich zu sein,
Gesellschaft solcher Art im Felde vorzufinden,
und sprach: „Wann wird auch mich ein kleines Glück erfreun?
Und ach! Wie könnte mich ein guter Rat verbinden!
An Gönnern fehlt es nur, die Zeiten sind nicht gut.
Kein Blutsfreund ladet uns mit andern lieben Gästen.
Wir kämpfen um ein Mahl, wenn, mit vergnügtem Mut,
die frohen Hunde sich in vollen Küchen mästen.“
Melamp erwidert drauf: „Freund! Wir beklagen dich,
wir glauben‘s, dort im Wald ist oft nicht viel zu fressen.
Doch willst du mit mir gehen, so wirst du, so wie ich,
nach Wunsch verpfleget sein und aller Not vergessen.
Mich liebet Herr und Frau, mein Amt fällt gar nicht schwer.
Ich hüte Haus und Hof und halte nächtlich Wache.
Auch du scheinst mir geschickt zur Hut und Gegenwehr
und mehr bedarf es nicht, dass man dich glücklich mache.“
Der Wolf umhalset ihn und als er hurtig trabt,
der Stelle vorzustehn, die man ihm angetragen,
sieht er des Hundes Hals enthaart und abgeschabt
und wird aus Fürwitz kühn, ihn desfalls zu befragen.
„Mich dünkt“, versetzt sein Freund, „mir fällt die Ursach ein:
des Tages legt man mich mit Schmeicheln an die Kette,
aus Furcht, ich mögte sonst falsch oder bissig sein,
weil ein Held, wie ich, stets seinen Willen hätte.
Was aber schadet dies? Ich liege warm und still,
mein Herr besuchet mich, der Knecht bringt Trank und Speise.“
Der Wolf, der weiter nicht den Hund begleiten will,
sucht seinen Rückweg bald und dankt ihm für die Reise.
„Nein!“, ruft er, „auf der Welt ist nichts der Freiheit gleich.
Sollt‘ ich mir einen Stand, den sie nicht ziert, erwählen?
Dem Weisen gilt sie mehr als Thron und Königreich,
wenn ihm die Freiheit fehlt, so wird ihm alles fehlen.“

Der Wolf und der Kranich

Nach Äsop

Ein Wolf hatte ein Schaf erbeutet und verschlang es so gierig, dass ihm ein Knochen im Rachen stecken blieb. In seiner Not setzte er demjenigen eine große Belohnung aus, der ihn von dieser Beschwerde befreien würde. Der Kranich kam als Helfer herbei; glücklich gelang ihm die Kur und er forderte nun die wohlverdiente Belohnung. „Wie?“, höhnte der Wolf, „du Unverschämter! Ist es dir nicht Belohnung genug, dass du deinen Kopf aus dem Rachen eines Wolfes wieder herausbrachtest? Gehe heim, und verdanke es meiner Milde, dass du noch lebst!“

Hilf gern in der Not, erwarte aber keinen Dank von einem Bösewicht, sondern sei zufrieden, wenn er dich nicht beschädigt.

Der Wolf und der Mensch

Von den Brüdern Grimm

Der Fuchs erzählte einmal dem Wolf von der Stärke des Menschen, kein Tier könnte ihm widerstehen und sie müssten List gebrauchen, um sich vor ihm zu erhalten. Da antwortete der Wolf: „Wenn ich nur einmal einen Menschen zu sehen bekäme, ich wollte doch auf ihn losgehen.“ „Dazu kann ich dir helfen“, sprach der Fuchs, „komm nur morgen Früh zu mir, so will ich dir einen zeigen.“ Der Wolf stellte sich frühzeitig ein und der Fuchs brachte ihn hinaus auf den Weg, den der Jäger alle Tage ging. Zuerst kam ein alter, abgedankter Soldat. „Ist das ein Mensch?“, fragte der Wolf. „Nein“, antwortete der Fuchs, „das ist einer gewesen.“ Danach kam ein kleiner Knabe, der zur Schule wollte. „Ist das ein Mensch?“ „Nein, das will erst einer werden.“ Endlich kam der Jäger, die Doppelflinte auf dem Rücken und den Hirschfänger an der Seite. Sprach der Fuchs zum Wolf: „Siehst du, dort kommt ein Mensch, auf den musst du losgehen, ich aber will mich fort in meine Höhle machen.“ Der Wolf ging nun auf den Menschen los, der Jäger, als er ihn erblickte, sprach: „Es ist schade, dass ich keine Kugel geladen habe“, legte an und schoss dem Wolf das Schrot ins Gesicht. Der Wolf verzog das Gesicht gewaltig, doch ließ er sich nicht schrecken und ging vorwärts, da gab ihm der Jäger die zweite Ladung. Der Wolf verbiss den Schmerz und rückte dem Jäger zu Leibe. Da zog dieser seinen blanken Hirschfänger und gab ihm links und rechts ein paar Hiebe, dass er, über und über blutend, mit Geheul zu dem Fuchs zurücklief. „Nun, Bruder Wolf“, sprach der Fuchs, „wie bist du mit dem Menschen fertig geworden?“ „Ach“, antwortete der Wolf, „so hab ich mir die Stärke des Menschen nicht vorgestellt, erst nahm er einen Stock von der Schulter und blies hinein, da flog mir etwas ins Gesicht, das hat mich ganz entsetzlich gekitzelt. Danach pustete er noch einmal in den Stock, da flog mir‘s um die Nase wie Blitz und Hagelwetter, und wie ich ganz nah war, da zog er eine blanke Rippe aus dem Leib, damit hat er so auf mich losgeschlagen, dass ich beinah tot wäre liegen geblieben.“ „Siehst du“, sprach der Fuchs, „was du für ein Prahlhans bist: Du wirfst das Beil so weit, dass du‘s nicht wieder holen kannst.“

Der Wolf und die Hirten

Nach Äsop

Einige Hirten schlachteten ein Schaf, verzehrten es in ihrer Hütte und ließen es sich bei diesem Mahl wohl sein. Ein Wolf, der gerade aufs Rauben ausging, sah neidisch zu und seufzte: „Ach! Welchen Lärm würde es geben, wenn ich nur ein einziges Lämmchen raubte! Und diese Burschen verzehren ein ganzes Schaf ungestraft!" „Halt ein, Räuber", rief ein Hirt, der dies mit anhörte, „wir verzehren nur unser Eigentum!"

Missgönne anderen ihr Eigentum nicht, weil du es auch gerne hättest.

Der Zaunkönig

Von den Brüdern Grimm

In den alten Zeiten, da hatte jeder Klang noch Sinn und Bedeutung. Wenn der Hammer des Schmieds ertönte, so rief er: „Smiet mi to! Smiet mi to!“ Wenn der Hobel des Tischlers schnarrte, so sprach er: „Dor häst! Dor, dor häst!“ Fing das Räderwerk der Mühle an zu klappern, so sprach es: „Help, Herr Gott! Help, Herr Gott!“, und war der Müller ein Betrüger und ließ die Mühle an, so sprach sie hochdeutsch und fragte erst langsam: „Er ist da? Wer ist da?“, dann antwortete sie schnell: „Der Müller! Der Müller!“, und endlich ganz geschwind: „Stiehlt tapfer, stiehlt tapfer, vom Achtel drei Sechstel.“

Zu dieser Zeit hatten auch die Vögel ihre eigene Sprache, die jedermann verstand, jetzt lautet es nur wie ein Zwitschern, Kreischen und Pfeifen und bei einigen wie Musik ohne Worte. Es kam aber den Vögeln in den Sinn, sie wollten nicht länger ohne Herrn sein und einen unter sich zu ihrem König wählen. Nur einer von ihnen, der Kiebitz, war dagegen, frei hatte er gelebt und frei wollte er sterben, und angstvoll hin und her fliegend rief er: „Wo bliew ick? Wo bliew ick?“ Er zog sich zurück in einsame und unbesuchte Sümpfe und zeigte sich nicht wieder unter seinesgleichen.

Die Vögel wollten sich nun über die Sache besprechen und an einem schönen Maimorgen kamen sie alle aus Wäldern und Feldern zusammen, Adler und Buchfink, Eule und Krähe, Lerche und Sperling, was soll ich sie alle nennen? Selbst der Kuckuck kam und der Wiedehopf, sein Küster, der so heißt, weil er sich immer ein paar Tage früher hören lässt, auch ein ganz kleiner Vogel, der noch keinen Namen hatte, mischte sich unter die Schar. Das Huhn, das zufällig von der ganzen Sache nichts gehört hatte, verwunderte sich über die große Versammlung.

„Wat, wat, wat is den dar to don?“, gackerte es, aber der Hahn beruhigte seine liebe Henne und sagte: „Luter riek Lüd!“, erzählte ihr auch, was sie vorhätten. Es ward aber beschlossen, dass der König sein sollte, der am höchsten fliegen könnte. Ein Laubfrosch, der im Gebüsche saß, rief, als er das hörte, warnend: „Natt, natt, natt! Natt, natt, natt!“, weil er meinte, es würden deshalb viele Tränen vergossen werden. Die Krähe aber sagte: „Quark ok!“, es sollte alles friedlich abgehen.

Es ward nun beschlossen, sie wollten gleich an diesem schönen Morgen aufsteigen, damit niemand hinterher sagen könnte: „Ich wäre wohl noch höher geflogen, aber der Abend kam, da konnte ich nicht mehr.“ Auf ein gegebenes Zeichen erhob sich also die ganze Schar in die Lüfte. Der Staub stieg da von dem Felde auf, es war ein gewaltiges Sausen und Brausen und Fittichschlagen, und es sah aus, als wenn eine schwarze Wolke dahinzöge. Die kleineren Vögel aber blieben bald zurück, konnten nicht weiter und fielen wieder auf die Erde. Die größeren hielten's länger aus, aber keiner konnte es dem Adler gleichtun, der stieg so hoch, dass er der Sonne hätte die Augen aushacken können. Und als er sah, dass die andern nicht zu ihm heraufkonnten, so dachte er: „Was willst du noch höher fliegen, du bist doch der König“, und fing an, sich wieder herabzulassen. Die Vögel unter ihm riefen ihm alle gleich zu: „Du musst unser König sein, keiner ist höher geflogen als du.“

„Ausgenommen ich“, schrie der kleine Kerl ohne Namen, der sich in die Brustfedern des Adlers verkrochen hatte. Und da er nicht müde war, so stieg er auf und stieg so hoch, dass er Gott auf seinem Stuhle konnte sitzen sehen. Als er aber so weit gekommen war, legte er seine Flügel zusammen, sank herab und rief unten mit feiner, durchdringender Stimme: „König bün ick! König bün ick!“

„Du unser König?“, schrien die Vögel zornig. „Durch Ränke und Listen hast du es dahingebracht.“ Sie machten eine andere Bedingung, der sollte ihr König sein, der am tiefsten in die Erde fallen könnte. Wie klatschte da die Gans mit ihrer breiten Brust wieder auf das Land! Wie scharrte der Hahn schnell ein Loch! Die Ente kam am schlimmsten weg, sie sprang in einen Graben, verrenkte sich aber die Beine und watschelte fort zum nahen Teiche mit dem Ausruf: „Pracherwerk! Pracherwerk!“ Der Kleine ohne Namen aber suchte ein Mäuseloch, schlüpfte hinab und rief mit seiner feinen Stimme heraus: „König bün ick! König bün ick!“

„Du unser König?“, riefen die Vögel noch zorniger. „Meinst du, deine Listen sollten gelten?“ Sie beschlossen, ihn in seinem Loch gefangen zu halten und auszuhungern. Die Eule ward als Wache davorgestellt, sie sollte den Schelm nicht herauslassen, so lieb ihr das Leben wäre. Als es aber Abend geworden war und die Vögel von der Anstrengung beim Fliegen große Müdigkeit empfanden, so gingen sie mit Weib und Kind zu Bett. Die Eule allein blieb bei dem Mäuseloch stehen und blickte mit ihren großen Augen unverwandt hinein. Indessen war sie auch müde geworden und dachte: „Ein Auge kannst du wohl zutun, du wachst ja noch mit dem andern, und der kleine Bösewicht soll nicht aus seinem Loch heraus.“ Also tat sie das eine Auge zu und schaute mit dem andern steif auf das Mäuseloch. Der kleine Kerl guckte mit dem Kopf heraus und wollte wegwitschen, aber die Eule trat gleich davor und er zog den Kopf wieder zurück. Dann tat die Eule das eine Auge wieder auf und das andere zu und wollte so die ganze Nacht abwechseln. Aber als sie das eine Auge wieder zumachte, vergaß sie das andere aufzutun, und sobald die beiden Augen zu waren, schlief sie ein. Der Kleine merkte das bald und schlüpfte weg.

Von der Zeit an darf sich die Eule nicht mehr am Tage sehen lassen, sonst sind die andern Vögel hinter ihr her und zerzausen ihr das Fell. Sie fliegt nur zur Nachtzeit aus, hasst aber und verfolgt die Mäuse, weil sie solche bösen Löcher machen. Auch der kleine Vogel lässt sich nicht gerne sehen, weil er fürchtet, es ginge ihm an den Kragen, wenn er erwischt würde. Er schlüpft in den Zäunen herum und wenn er ganz sicher ist, ruft er wohl zuweilen: „König bün ick!“, und deshalb nennen ihn die andern Vögel aus Spott Zaunkönig. Niemand aber war froher als die Lerche, dass sie dem Zaunkönig nicht zu gehorchen brauchte. Wie sich die Sonne blicken lässt, steigt sie in die Lüfte und ruft: „Ach, wo is dat schön! Schön is dat! Schön! Schön! Ach, wo is dat schön!“

Der Zaunkönig und der Bär

Von den Brüdern Grimm

Zur Sommerszeit gingen einmal der Bär und der Wolf im Wald spazieren, da hörte der Bär so schönen Gesang von einem Vogel und sprach: „Bruder Wolf, was ist das für ein Vogel, der so schön singt?" „Das ist der König der Vögel", sagte der Wolf, „vor dem müssen wir uns neigen." Es war aber der Zaunkönig.

„Wenn er das ist", sagte der Bär, „so möchte ich auch gerne seinen königlichen Palast sehen, komm und führe mich hin." „Das geht nicht so, wie du meinst", sprach der Wolf, „du musst warten, bis die Frau Königin kommt." Bald darauf kam die Frau Königin und hatte Futter im Schnabel und der Herr König auch und wollten ihre Jungen füttern. Der Bär wäre gerne nun gleich hinterdreingegangen, aber der Wolf hielt ihn am Ärmel und sagte: „Nein, du musst warten, bis Herr und Frau Königin wieder fort sind." Also nahmen sie das Loch in Acht, wo das Nest stand, und trabten wieder ab. Der Bär aber hatte keine Ruhe, wollte den königlichen Palast sehen, und ging nach einer kurzen Weile wieder vor. Da waren König und Königin richtig ausgeflogen, er guckte hinein und sah fünf oder sechs Junge, die lagen darin.

„Ist das der königliche Palast?", rief der Bär. „Das ist ein erbärmlicher Palast! Ihr seid auch keine Königskinder, ihr seid unehrliche Kinder." Wie das die jungen Zaunkönige hörten, wurden sie gewaltig bös und schrien: „Nein, das sind wir nicht, unsere Eltern

sind ehrliche Leute, Bär, das soll ausgemacht werden mit dir.“ Dem Bär und dem Wolf ward Angst, sie kehrten um und setzten sich in ihre Höhlen. Die jungen Zaunkönige aber schrien und lärmten fort und als ihre Eltern wieder Futter brachten, sagten sie: „Wir rühren kein Fliegenbeinchen an, und sollten wir verhungern, bis ihr erst ausgemacht habt, ob wir ehrliche Kinder sind oder nicht. Der Bär ist da gewesen und hat uns gescholten.“ Da sagte der alte König: „Seid nur ruhig, das soll ausgemacht werden.“ Flog darauf mit der Frau Königin dem Bären vor seine Höhle und rief hinein: „Alter Brummbär, warum hast du meine Kinder gescholten? Das soll dir übel bekommen, das wollen wir in einem blutigen Krieg ausmachen.“ Also war dem Bären der Krieg angekündigt und ward alles vierfüßige Getier berufen: Ochs, Esel, Rind, Hirsch, Reh und was die Erde sonst alles trägt. Der Zaunkönig aber berief alles, was in der Luft fliegt: nicht allein die Vögel groß und klein, sondern auch die Mücken, Hornissen, Bienen und Fliegen mussten herbei.

Als nun die Zeit kam, wo der Krieg angehen sollte, da schickte der Zaunkönig Kundschafter aus, wer der kommandierende General des Feindes wäre. Die Mücke war die Listigste von allen, schwärmte im Wald, wo der Feind sich versammelte, und setzte sich endlich unter ein Blatt auf den Baum, wo die Parole ausgegeben wurde. Da stand der Bär, rief den Fuchs vor sich und sprach: „Fuchs, du bist der Schlauste unter allem Getier, du sollst General sein und uns anführen.“ „Gut“, sagte der Fuchs, „aber was für Zeichen wollen wir verabreden?“ Niemand wusste es. Da sprach der Fuchs: „Ich habe einen schönen langen, buschigen Schwanz, der sieht aus fast wie ein roter Federbusch. Wenn ich den Schwanz in die Höhe halte, so geht die Sache gut und ihr müsst drauflos marschieren, lass ich ihn aber herunterhängen, so lauft, was ihr könnt.“ Als die Mücke das gehört hatte, flog sie wieder heim und verriet dem Zaunkönig alles haarklein.

Als der Tag anbrach, wo die Schlacht sollte geliefert werden, hu, da kam das vierfüßige Getier dahergerannt mit Gebraus, dass die Erde zitterte. Zaunkönig mit seiner Armee kam auch durch die Luft daher, die schnurrte, schrie und schwärmte, dass einem angst und bange ward, und gingen sie da von beiden Seiten aneinander. Der Zaunkönig aber schickte die Hornisse hinab, sie sollte sich dem Fuchs unter den Schwanz setzen und aus Leibeskräften stechen. Wie nun der Fuchs den ersten Stich bekam, zuckte er, dass er das eine Bein aufhob, doch ertrug er‘s und hielt den Schwanz noch in der Höhe; beim zweiten Stich musste er ihn einen Augenblick herunterlassen, beim dritten aber konnte er sich nicht mehr halten, schrie und nahm den Schwanz zwischen die Beine. Wie das die Tiere sahen, meinten sie, alles wäre verloren, und fingen an zu laufen, jeder in seine Höhle, und so hatten die Vögel die Schlacht gewonnen.

Da flogen der Herr König und die Frau Königin heim zu ihren Kindern und riefen: „Kinder, seid fröhlich, esst und trinkt nach Herzenslust, wir haben den Krieg gewonnen.“ Die jungen Zaunkönige aber sagten: „Noch essen wir nicht, der Bär soll erst vors Nest kommen und Abbitte tun und soll sagen, dass wir ehrliche Kinder sind.“ Da flog der Zaunkönig vor das Loch des Bären und rief: „Brummbär, du sollst vor das Nest zu meinen Kindern gehen und Abbitte tun und sagen, dass sie ehrliche Kinder sind, sonst sollen dir die Rippen im Leib zertreten werden.“ Da kroch der Bär in der größten Angst hin und tat Abbitte. Jetzt waren die jungen Zaunkönige erst zufrieden, setzten sich zusammen, aßen und tranken und machten sich lustig bis in die späte Nacht hinein.

Der Zeisig

Von Christian Fürchtegott Gellert

Ein Zeisig war‘s und eine Nachtigall,
die einst zu gleicher Zeit vor Damons Fenster hingen.
Die Nachtigall fing an, ihr göttlich Lied zu singen,
und Damons kleinem Sohn gefiel der süße Schall.
„Ach, welcher singt von beiden doch so schön?
Den Vogel möcht ich wirklich sehn!“
Der Vater macht ihm diese Freude,
er nimmt die Vögel gleich herein.
„Hier“, spricht er, „sind sie alle beide,
doch welcher wird der schöne Sänger sein?
Getraust du dich, mir das zu sagen?“
Der Sohn lässt sich nicht zweimal fragen,
schnell weist er auf den Zeisig hin:
„Der“, spricht er, „muss es sein, so wahr ich ehrlich bin.
Wie schön und gelb ist sein Gefieder!
Drum singt er auch so schöne Lieder.
Dem andern sieht man‘s gleich an seinen Federn an,
dass er nichts Kluges singen kann.“

Sagt, ob man im gemeinen Leben
nicht oft wie dieser Knabe schließt?
Wem Farb und Kleid ein Ansehn geben,
der hat Verstand, so dumm er ist.
Stax kömmt und kaum ist Stax erschienen,
so hält man ihn auch schon für klug.
Warum? Seht nur auf seine Mienen,
wie vorteilhaft ist jeder Zug!
Ein andrer hat zwar viel Geschicke,
doch weil die Miene nichts verspricht,
so schließt man, bei dem ersten Blicke,
aus dem Gesicht, aus der Perücke,
dass ihm Verstand und Witz gebricht.

Der Ziegenbock und der Wolf

Von Johann Wilhelm Ludwig Gleim

Ein junger Ziegenbock mit ellenlangem Bart
und spitzem, festem Horn, ein Held nach seiner Art,
ein Eisenfresser, stand auf einem hohen Dache,
sich umzusehn. Ein Wolf erschien.
Der Ziegenbock, der Held, sah ihn,
ward mutig, schäumte Rache,
und rief ihn an und schalt auf ihn:
„Du Mörder, du! Du Dieb!
Komm mir nur nicht herauf, ist dir dein Leben lieb!
Du bist‘s, Tyrann! – Die Mutter weinet noch –
Du bist‘s, o Freveltat!
Der mir mein Lamm geraubt und aufgefressen hat!“
„Herr Bock, bemühen Sie sich doch
zu mir herunter!“, sprach der Wolf.
„Zwar haben Sie erhab‘nen Geist
und Herz im Leibe, das beweist
Ihr langer Bart und Ihres Horns Gestalt
ist fürchterlich und ich bin alt.
Doch solchen Schimpf zu rächen, wird man munter
und scheut nicht Bart, nicht Horn; Sie kommen nur herunter!“
Was tat der Bock, der Held? Er schnob gerechten Zorn
und schüttelte den Bart, sein Horn
gebraucht er aber nicht; genug, er ließ es sehn
und sagte: „Räuber! Wirst du gehn!“
Und was der Wolf? „Herr Bock“, sprach er,
„ich rächte mich und wären Sie ein Bär!
Was aber hindert meine Rache?
Sie nicht, das Dach! – Herunter von dem Dache!“

Des Hundes Not

Von Ludwig Bechstein

Es war ein Hund, der lag hungrig und kummervoll auf dem Felde, da sang über ihm eine Lerche ihr wonnigliches Liedlein mit süßem Ton. Als der Hund das hörte, da sprach er: „O du glückliches Vögelein, wie froh du bist, wie süß du singest, wie hoch du dich aufschwingst! Aber ich – wie soll ich mich freuen? Mich hat mein Herr verstoßen, seine Türe hinter mir gesperrt, ich bin lahm, bin krank, kann kein Essen erjagen und muss hier Hungers sterben!" Wie die Lerche den hungrigen Hund also klagen hörte, flog sie nahe zu ihm und sprach: „O du armer Hund! Mich bewegt dein Leiden, wirst du mir es auch Dank wissen, wenn ich dir helfe, dass du satt wirst?" „Womit, Frau Lerche?", fragte der Hund mit matter Stimme, und die Lerche antwortete: „Sieh, dort kommt ein Kind gegangen, das trägt Speise zu jenem Ackersmann, ich will machen, dass es die Speise niederlegt und mir nachläuft, indes gehst du hinzu und issest den Käse und das Brot und stillest deinen Hunger!" Der Hund bedankte sich für dieses freundliche Anerbieten und die Lerche flog nun dem Kind entgegen und begann es zu äffen. Bald lief sie vor ihm, bald flatterte sie auf dieser, bald auf jener Seite, bis das Kind dachte: „Die Lerche muss ich fangen", und zumal stellte die Lerche sich flügellahm und ließ einen ihrer kleinen Fittiche hangen wie gebrochen. Das Kind griff oft nach ihr, aber es haschte vergebens mit der einen Hand, und da legte es sein Tüchlein nieder, darin es das Essen trug, und lief der Lerche nach, die immer voran in einen Grund flog; indessen erhob sich der Hund, hinkte nach dem Tuche und schnüffelte hinein, da lagen ein Stück Brot, ein Quarkkäse und vier gute Eier, die fraß er ungesotten und ungeschält und den Käse untranchiert und das Brot nahm er mit von dannen, als er fortkroch und sich in dem Korn versteckte. Die Lerche, als sie merkte, dass der Hund sein Teil hatte, flog in die Lüfte und sang lustig. Das geäffte Kind aber verwünschte sie und noch viel mehr, als es sein Tüchlein leer fand. Weinend ging es zurück zu seiner Mutter und ob es Schläge bekommen hat, weiß ich nicht, es wird aber wohl etwas dergleichen abgefallen sein. Die Lerche flog zum Hunde hin und fragte ihn, wie er sich jetzt befinde. Er sagte ihr schönen Dank und nie sei ihm wohler gewesen. „Nur eine Bitte, herzliebe Frau Lerche, habe ich noch auf dem Herzen", sprach er, „wer satt ist, der ist gern froh. O bitte, erzählet mir noch etwas, davon ich ein wenig lachen und lustig werden mag." „Wohlan!", sprach die Lerche, „folge mir." Und da flog die Lerche voran und der Hund folgte ihr zu einer Scheuer, auf deren Dachboden man von der Erde leicht gelangen konnte, da hinauf hieß die Lerche den Hund steigen und hinuntersehen, denn der Boden war schadhaft und durchgebrochen. Unten auf der Tenne standen zwei Kahlköpfe, die droschen; da setzte sich flugs die Lerche dem einen auf die Glatze und flugs klapste der andre mit der Hand drauf, vermeinend die Lerche zu fangen, das kluge Vöglein war aber schneller als er und flog zur Seite. „Nun, Geselle, was soll das? Was schlägst du mich?", fragte der erste Kahlkopf den andern. Der entschuldigte sich, dass ein Vöglein sich jenem auf den Kopf gesetzt, dieses habe er erhaschen wollen, habe der Klaps weh getan, sei es ihm leid. Indem setzte sich die Lerche auf die Glatze dessen, der eben sprach, und da schlug gleich der andre hin mit einem so harten Hieb, dass der Kopf gewiss zersprungen, wenn er von Glas gewesen wäre, wenigstens brummte er dem Geschlagenen tüchtig, und nun ging gleich das Schelten los und beide Drescher warfen ihre Flegel hin und wollten einander in die Haare. Weil sie nun keine Haare hatten, so konnte keiner dem andern welche ausraufen und so kratzten sie einander auf die Glatzen, statt des Raufens, dass das Blut danach lief, und stießen sich hart. Da ging es Glatz wider Glatz und Kratz wider Kratz, auch zerrten sie sich an den Ohren und darüber musste der Hund so unbändig lachen, dass ihm ganz weh ward und er weder liegen noch stehen konnte, und da purzelte er vor Lachen von dem Boden hoch herunter, den Dreschern gerade auf die Kahlköpfe, dass sie stutzten, denn der Hund war schwer, und diese Art, Haare auf den Kopf zu bekommen, kam ihnen spanisch vor. Sie wandten ihren Zorn gleich vereint gegen den Hund und da sie Drescher waren, so droschen sie ihn so lange, bis er mit Ach und Krach durch ein Loch in der Scheuerwand und durch den Zaun fuhr, wobei ihm nicht nur das Lachen, sondern schier Hören und Sehen verging. Ganz mürb und marode legte er sich in das Gras hinter dem Zaun und da kam die Lerche geflogen und fragte: „Edler Herr, wie befinden Sie sich?" „Ei, Frau Lerche", ächzte der Hund, „ich habe vollauf genug. Ich bin ein ganz geschlagener Mann! Ich glaube meiner Treu, ich habe gar keinen Rücken mehr, die Drescher haben mir das Fell bei lebendigem Leibe abgeschunden und gegerbt. Ach, soll ich länger leben, so muss ich einen Wundarzt haben!" „Wohl und getrost! Ich hole dir auch den, so es irgend möglich ist", sprach die Lerche und flog von dannen. Bald fand sie einen Wolf, den redete sie an: „Herr Wolf? Ihr habt wohl gar keinen Appetit?" „Ach, Frau Lerche", ward ihr zur Antwort, „was das betrifft, so kann ich mit Wolfshunger dienen." „Nun, wenn Ihr mir es danken wollt", sprach die Lerche weiter, „so wollte ich Euch wohl weisen, wo ein feister Hund liegt, der Euch kaum entrinnen wird!" „O meine edle Königin, wie gnädig Ihr seid!", schmeichelte und schmunzelte der Wolf und leckte sich die Zähne. Die Lerche flog vor ihm her und er folgte ihr und wie sie zu dem Hund kam, redete sie ihn an: „Nun, Geselle? Schläfst du? Willst du nicht den Arzt sehen? Richte dich auf, dort kommt der Doktor." „Wo? Frau Lerche, wo?", fragte der Hund ganz müde, aber als er den Wolf sah, da schrie er: „Nein, Frau Lerche, nein, diesen Doktor nicht! Haltet ihn zurück! Ich bin gesund!" Und mit einem Satze war der Hund auf den Beinen und fort, als flöge er davon, dass ihm kein Zaun zu hoch und kein Graben zu breit war.

Des Schusters Mäuse, Hund und Katze

Nach Abraham a Sancta Clara

Lächerlich ist, was ein Poet dichtet und fantasiert von der Katze eines Schusters. Diese Katze war schneeweiß und dem Meister Paul besonders angenehm, weil diese pelzige Mausefalle die Maus und das schädliche Ungeziefer aus dem Weg räumte. Die diebischen Mäuse beklagten sich nicht wenig darüber, dass sie einen so tyrannischen Feind hätten, und hatten mehrmals dessentwegen eine Zusammenkunft, wo sie reiflich beratschlagten, wie noch größerem Übel zu begegnen sei, sonst wären sie gezwungen, das Losament zu quittieren und ihre harte Nahrung auf dem freien Feld zu suchen. Die Sache wurde letztlich so beschlossen: Man solle in eine Allianz eintreten mit Meister Pauls Haushund. Zum Schluss wurde beschlossen, eine Übereinkunft und Gesetze zu verfassen, die zu gutem Verständnis und Einvernehmen sollten beigezogen werden, alsdann werde dieser tapfere Hauswächter der Katze wohl gewachsen sein. Während eben dieses Schreiben angefertigt wurde, widerfuhr der Katze ein Unheil, indem sie unvermutet in ein Gefäß fiel, das voll war mit Schusterschwärze, wodurch der Kater ganz kohlschwarz wurde. Wie nun ein paar Mäuse als Gesandte dem Haushund den Brief zu überbringen unterwegs waren und wahrnahmen, dass die weiße Katze wider alle Hoffnung schwarz daherkam, haben sie eilends in der Sache ihren Prinzipalen berichtet, unter denen dann ein ungewöhnlicher Jubel und Freudenschall entstand. Denn alle Mäuse, alle, alle waren der unfehlbaren Meinung, die Katze sei in ein Kloster gegangen und habe eine schwarze Kutte angelegt, weshalb sie ohne Zweifel jetzt kein Fleisch mehr werde essen dürfen, wodurch den armen Mäusen das freie Passieren des Hauses wiederum vergönnt war – und so kamen sie auch haufenweis aus ihren Löchern herausgeschlichen. Sobald aber die Katze diese frechen Burschen zu sehen bekam, hat sie deren etliche erlegt. Die Übrigen aber mussten die Flucht ergreifen und mit größtem Schaden erfahren, dass wahr sei und wahr bleibe das gemeine Sprichwort: „Die Katze lässt das Mausen nicht."

Es ist ihre Natur: Die böse Gewohnheit ist nicht allein ein Hemd, das sich nicht zerreißen lässt, sondern auch eine andere Natur, die sich nicht mehr lässt verbessern.

Die alten und die jungen Frösche

Nach Abraham a Sancta Clara

Die jungen Frösche haben einmal bei warmer Sommerzeit nahe einer Lache über allen Maßen gequakt und geschrien, so sehr, dass ein alter Frosch wegen dieser abgeschmackten Musik ärgerlich wurde und die Jungen nicht wenig ausschimpfte. „Schämt euch, ihr grünhosenden Fratzen!“, sagte er, „ihr wilden Lachendrescher, ihr hupfenden Spitzbuben, schämt euch, dass ihr so ein verdrießlich Geschrei vollführt! Wenn ihr aber doch wollt lustig sein und frohlocken, so singt wenigstens wie die Nachtigall, welche auf diesem nächsten Ast sitzt. Ihr großmaulenden Narren, könnt ihr denn nichts anderes als nur das Qua-Qua-Qua?“ „Vater“, antworteten die Frösche, „das haben wir von dir gelernt.“

Die Ameise und die Grille

Von Hans Sachs

Durch den Äsop ist uns beschrieben,
wie ein Ameis‘ in kalter Winterzeit
ihr Korn wollt‘ trocknen an der Luft
und es hat ausgestreut.
’ne Grill‘ durch Hunger ward getrieben,
bat von der Speis‘ zu geben die Ameis‘,
dass sie im Winter nicht käm‘ um.
Da sprach die Ameis‘ weis‘:
„Was tat’st du in den sommerlichen Tagen,
dass du dir nicht hast Körner eingetragen?“
Die Grill‘ tät wieder sagen:
„Den Sommer lang ich fröhlich war und sang
und durch die Zäun‘ und grünen Büsch‘
ich hin und wieder sprang.“
„Wenn du im Sommer hast gesungen“,
sprach die Ameis‘ „so sing im Winter auch,
die Speis‘ hab ich getragen ein
für mich und sie auch brauch.“

In der Ameise seht den Jungen,
der arbeitsam, emsig, von hohem Fleiß,
der seine Kost zusammenhält
und gut zu sparen weiß.
Auf dass, wenn ihn das Alter nun ergreife
und sich sein Haar bedeck’ mit Winterreife
und seine Kraft entschleife
und es ihm gehe an Gewinne ab –
dass er an Gut, erspart zuvor,
dann Winterzehrung hab‘.
Zum andern sehet in der Grillen
den jungen Mann, der lässig, träg und faul,
was ihm gewinnen beide Händ‘,
vernascht das einz’ge Maul.
Verzehrt die Jugend in Mutwillen,
in Müßiggang, im Spiel und Buhlen arg;
wer nicht, wie er, sein Geld verprasst,
den nennt er filzig, karg.
Tut er in Jugend also jubilieren,
im Alter tut ihn nach der Sonne frieren,
*dann tut ihn erst vexieren**

die Armut schwer mit Mangel und Gebruch.
So muss er in dem Alter erst
nähn an dem Hungertuch.
*(*quälen)*

Die beiden Frösche

Nach Äsop

Zwei Frösche, deren Tümpel die heiße Sommersonne ausgetrocknet hatte, gingen auf die Wanderschaft. Gegen Abend kamen sie in die Kammer eines Bauernhofs und fanden dort eine große Schüssel Milch vor, die zum Abrahmen aufgestellt worden war. Sie hüpften sogleich hinein und ließen es sich schmecken. Als sie ihren Durst gestillt hatten und wieder ins Freie wollten, konnten sie es nicht: Die glatte Wand der Schüssel war nicht zu bezwingen und sie rutschten immer wieder in die Milch zurück. Viele Stunden mühten sie sich nun vergeblich ab und ihre Schenkel wurden allmählich immer matter. Da quakte der eine Frosch: „Alles Strampeln ist umsonst, das Schicksal ist gegen uns, ich geb's auf!" Er machte keine Bewegung mehr, glitt auf den Boden des Gefäßes und ertrank. Sein Gefährte aber kämpfte verzweifelt weiter bis tief in die Nacht hinein. Da fühlte er den ersten festen Butterbrocken unter seinen Füßen, er stieß sich mit letzter Kraft ab und war im Freien.

Die beiden Hähne

Nach Äsop

Von zwei Hähnen, welche um Hennen miteinander kämpften, behielt der eine die Oberhand über den andern. Der Überwundene zog sich zurück und verbarg sich an einem dunklen Orte, der Sieger aber flog aufwärts, stellte sich auf eine hohe Wand und krähte voller Stolz mit lauter Stimme. Da schoss jählings ein Adler herab und nahm ihn mit sich fort. Nunmehr kam der Versteckte ungehindert wieder aus seinem Versteck hervor und gesellte sich zu den Hennen.

Die beiden Hunde

Von Christian Fürchtegott Gellert

Dass oft die allerbesten Gaben
die wenigsten Bewundrer haben
und dass der größte Teil der Welt
das Schlechte für das Gute hält,
dies Übel sieht man alle Tage,
allein, wie wehrt man dieser Pest?
Ich zweifle, dass sich diese Plage
aus unsrer Welt verdringen lässt.
Ein einzig Mittel ist auf Erden,
allein, es ist unendlich schwer.
Die Narren müssten weise werden
und seht, sie werden's nimmermehr.
Nie kennen sie den Wert der Dinge.
Ihr Auge schließt, nicht ihr Verstand,
sie loben ewig das Geringe,
weil sie das Gute nie gekannt.

Zween Hunde dienten einem Herrn,
der eine von den beiden Tieren,
Joli, verstund die Kunst, sich lustig aufzuführen,
und wer ihn sah, vertrug ihn gern.
Er holte die verlornen Dinge
und spielte voller Ungestüm.
Man lobte seinen Scherz, belachte seine Sprünge,
seht, hieß es, alles lebt an ihm!

Oft biss er mitten in dem Streicheln,
so falsch und boshaft war sein Herz,
gleich fing er wieder an zu schmeicheln,
dann hieß sein Biss ein feiner Scherz.
Er war verzagt und ungezogen,
doch ob er gleich zur Unzeit bellt‘ und schrie,
so blieb ihm doch das ganze Haus gewogen,
er hieß der lustige Joli.
Mit ihm vergnügte sich Lisette,
er sprang mit ihr zu Tisch und Bette
und beide teilten ihre Zeit
in Schlaf, in Scherz und Lustbarkeit,
sie aber übertraf ihn weit.
Fidel, der andre Hund, war von ganz anderm Wesen.
Zum Witze nicht ersehn, zum Scherze nicht erlesen,
sehr ernsthaft von Natur, doch wachsam um das Haus,
ging öfters auf die Jagd mit aus,
war treu und herzhaft in Gefahr
und bellte nicht, als wenn es nötig war.
Er stirbt. Man hört ihn kaum erwähnen,
man trägt ihn ungerühmt hinaus.
Joli stirbt auch. Da fließen Tränen!
Seht, ihn beklagt das ganze Haus.
Die ganze Nachbarschaft bezeiget ihren Schmerz.
So gilt ein bisschen Witz mehr als ein gutes Herz!

Die Beratschlagung der Pferde

Von Johann Wilhelm Ludwig Gleim

„Ha!“, sprach ein junger Hengst, „wir Sklaven sind es wert,
dass wir im Joche sind! Wo lebt ein edles Pferd,
das frei sein will? Ha! wie glückselig war
zu jener Zeit der Väter Schar! –
Der ungeheure weite Wald
war ihr geraumer Aufenthalt,
auch scheuten sie kein offnes Feld,
sie grasten in der ganzen Welt
nach freiem Willen! Ach, und wir
sind Sklaven, gehn im Joch, arbeiten wie der Stier!
Dem schwachen Menschen sind wir Starken untertan,
dem Menschen! – Brüder, seht es an,
das unvollkommne Tier,
was ist es? Was sind wir? –
Solch ein Geschöpf bestimmte die Natur
uns prächtigen Geschöpfen nicht zum Herrn!
Pfui, auf *zwei* Beinen nur!
Riecht er den Streit von fern?
Bebt unter ihm die Erde, wenn er stampft?
Sieht man, dass seine Nase dampft?
Hat er die Mähne, die uns ziert?
Und doch ist er, o Schmach, der Herr, der uns regiert!
Wir tragen ihn, wir fürchten seine Macht,
wir führen seinen Krieg und liefern seine Schlacht,
er siegt, man singt ihm Lobgesang,
und doch die Schlacht, die er gewann,
war *unser* Werk, *wir* hatten es getan!
Was aber ist der Dank?
Wir dienen ihm zur Pracht vor seinem Siegeswagen!
Und ach! Nach wenig Tagen
spannt er vor einen Pflug
den Rappen, der ihn trug!
Entreißt, ihr Brüder, euch der niedern Sklaverei!
Entreißet euch dem Joch und werdet wieder frei!“
Er schwieg. Ein wieherndes Geschrei,
ein wilder Lärm entstand, und jeder fiel ihm bei,
ein einziger erfahrner Schimmel nur,
ein zweiter Nestor, sprach:
„Wahr ist es, die Natur
gab uns die prächtige Gestalt,

die keiner hat, als wir, auch gab sie uns Gewalt
in unsern Huf; allein aus mildrer Hand
bekam der Mensch *Verstand*.
Wer baute diesen Stall, in dem wir sicher sind
vor Tiger und vor Wolf, vor Regen, Frost und Wind?
Wer macht, dass wir auch dann dem Hunger widerstehn,
wenn wir der Augen Grün im Winter sterben sehn?
Wenn Eis vom Himmel fällt, wenn alles wüst und tot
auf allen Fluren ist? Wer wendet alle Not
von unsern Krippen ab?
Der Mensch, der gute Mensch, den uns der Himmel gab!
Er streut den Hafer aus und erntet siebenfach,
er trocknet süßes Gras und bringt es unter Dach!
Zwar helfen wir dabei, tun aber keinen Schritt
und keinen Zug umsonst, er macht uns täglich satt,
und wenn er Ruhetag nach seiner Arbeit hat,
so haben wir ihn mit!
Wir dienen *ihm*, er *uns*, wir leben miteinander,
sind miteinander frei! Der Rappe Bucephal,
der Grieche, welcher einst den großen Alexander
auf seinem Rücken trug, war König in dem *Stall*,
wie jener auf dem *Thron*, und kam er in ein Feld,
wo Ruhm zu ernten war, so war auch er ein Held.
Und beide, Pferd und Mensch, eroberten die Welt
und teilten den Ruhm des Sieges! Würden wir
vom Bucephal sonst Nachricht haben?
Er läg' in tiefer Nacht begraben,
das edle Tier!"
Kein Brutus und kein Cicero
besänftigte die Römer so,
wie dieser Redner seine Brüder.
Denn er voran und hinter ihm die Schar
der mutigen Rebellen alle,
nebst diesem, der der Sprecher war,
begaben alsobald sich wieder nach dem Stalle!

Die Biene und die Henne

Von Christian Fürchtegott Gellert

„Nun, Biene“, sprach die träge Henne,
„dies muss ich in der Tat gestehn,
so lange Zeit, als ich dich kenne,
so seh ich dich auch müßiggehn.
Du sinnst auf nichts, als dein Vergnügen,
im Garten auf die Blumen fliegen
und ihren Blüten Saft entziehn,
mag eben nicht so sehr bemühn.
Bleib immer auf der Nelke sitzen,
dann fliege zu dem Rosenstrauch,
wär ich wie du, ich tät es auch.
Was brauchst du andern viel zu nützen?
Genug, dass wir so manchen Morgen
mit Eiern unser Haus versorgen.“
„O!“, rief die Biene, „spotte nicht!
Du denkst, weil ich bei meiner Pflicht
nicht so, wie du bei einem Eie,
aus vollem Halse zehnmal schreie,
so, denkst du, wär ich ohne Fleiß.
Der Bienenstock sei mein Beweis,
wer Kunst und Arbeit besser kenne,
ich, oder eine träge Henne?
Denn wenn wir auf den Blumen liegen,
so sind wir nicht auf uns bedacht,
wir sammeln Saft, der Honig macht,
um fremde Zungen zu vergnügen.
Macht unser Fleiß kein groß Geräusch
und schreien wir bei warmen Tagen,
wenn wir den Saft in Zellen tragen,
uns nicht, wie du im Neste, heisch,
so präge dir es itzund ein:
Wir hassen allen stolzen Schein
und wer uns kennen will, der muss in Rost und Kuchen
Fleiß, Kunst und Ordnung untersuchen.
Auch hat uns die Natur beschenkt
und einen Stachel eingesenkt,
damit wir die bestrafen sollen,
die, was sie selber nicht verstehn,
doch meistern und verachten wollen.
Drum, Henne!, rat ich dir, zu gehn.“

O Spötter, der mit stolzer Miene,
in sich verliebt, die Dichtkunst schilt,
dich unterrichtet dieses Bild.
Die Dichtkunst ist die stille Biene
und willst du selbst die Henne sein:
So trifft die Fabel völlig ein.
Du fragst, was nützt die Poesie?
Sie lehrt und unterrichtet nie.
Allein wie kannst du doch so fragen?
Du siehst an dir, wozu sie nützt:
Dem, der nicht viel Verstand besitzt,
die Wahrheit, durch ein Bild, zu sagen.

Die dankbare Nachtigall

Von Johann Wilhelm Ludwig Gleim

Ein Falke sah, mit großen wilden Augen,
so hell als wie Kristall,
nach einer lieben Nachtigall
und drohte, das Blut ihr auszusaugen!
Zwar sah sein Aug‘ auf Lande neben Hecken
auch einen jungen Star,
allein sein Mordgedanke war:
„Die besser singt, die muss auch besser schmecken.“
Und plötzlich schoss, wie Donnerkeile schießen,
mit pfeilgeradem Flug,
als sie den schönsten Triller schlug,
der Falk‘ auf sie und wollte sie genießen.
Er wollt‘, allein, er musste sich‘s begeben,
der Mörder! Denn ich schoss
mein Schießgewehr schnell auf ihn los
und traf ihn recht und rettete ihr Leben.
Nun hüpft, (komm, Damon, es zu sehen!)
die kleine Sängerin,
wenn ich in meinem Garten bin,
um mich herum und singt in den Alleen!

Die Dohle und die Tauben

Nach Äsop

Eine Dohle sah, was die Tauben in ihrem Verschlag für ein schönes Leben hatten. Da färbte sie sich weiß und ging zu ihnen, um es ebenso gut zu haben. Solange sie sich nun ruhig verhielt, waren die Tauben der Meinung, sie sei eine von ihnen, und duldeten sie. Eines Tages aber vergaß sie sich und machte den Schnabel auf, da erkannten sie die Stimme und jagten sie fort. Da der Dohle so im Taubenschlag die gute Kost entging, kehrte sie zu den Dohlen zurück. Sie erkannten sie aber nicht wegen der Farbe und duldeten sie auch bei sich nicht. So hatte sie nun zweierlei gewollt, aber weder das eine noch das andere erreicht.

So müssen auch wir, was wir haben, uns genügen lassen und bedenken, dass die Habgier nichts nützt und uns das nimmt, was wir besitzen.

Die Elster und der Uhu

Von Johann Wilhelm Ludwig Gleim

Die Elster saß auf einem hohen Baum,
der manchem Wandrer Schatten gab,
und plauderte herab.
„Die Lerche“, sprach sie, „singt ja kaum
ihr Tireli, des Morgens nur, dreimal!
Hingegen singt die Nachtigall
zwar Tag und Nacht, und weiß
nicht aufzuhören, ihren Fleiß
bewundert man, allein
er sollte dauerhafter sein,
er währt ja nur vier Wochen!
Ich plaudere jahraus, jahrein,
ach, wie könnt‘ ich so faul doch sein?“
Sie hatt‘ es noch nicht ausgesprochen,
da lispelte ein spöttischer Uhu,
der in des Baumes Bauche saß,
(ein Philosoph, der alle Welt vergaß)
von unten auf ihr zu:
„Ach hielt die Elster doch ihr Maul!
Ach wäre sie doch faul!“

Die Ente

Von Christian Fürchtegott Gellert

Die Ente schwamm auf einer Pfütze
und sah am Rande Gänse gehn
und konnt‘ aus angebornem Witze
der Spötterei unmöglich widerstehn.
Sie hob den Hals empor und lachte dreimal laut
und sah um sich, so wie ein Witzling um sich schaut,
der einen Einfall hat, und mit Geschrei und Lachen
so glücklich ist, ihm Luft zu machen.
Die Ente lachte noch und eine Gans blieb stehn.
„Was“, sprach sie, „hast du uns zu sagen?“
„Ach, nichts! Ich hab euch zugesehn,
ihr könnt vortrefflich auswärts gehn.
Wie lange tanzt ihr schon? Das wollt‘ ich euch nur fragen.“
„Das“, sprach die Gans, „will ich dir gerne sagen,
allein du musst mit mir spazieren gehn.“

Ihr Kleinen, die ihr stets so gern auf Größre schmähet,
an ihnen tausend Fehler sehet,
die ihr an euch doch nie entdeckt,
glaubt, dass an euch der Sumpf, in dem ihr euch so blähet,
dieselben Fehler auch versteckt.
Und sollen sie der Welt, wie euch, unsichtbar bleiben:
So lasst euch nicht daraus vertreiben!

Die Eule und der Sperling

Von Novalis

„Unverschämter! Stiehlst du nicht Kirschen am hellen lichten Tage, vor den Augen aller? O, schreckliche Frechheit!", so rief eine Eule einem Sperling zu, der sich auf einem Kirschbaum gütlich tat. „Freilich ist es edler", erwiderte der Sperling, „bei Nacht, wenn alle Tiere sorglos schlafen, auf Mord und Raub auszugehn."

Die Fabel ohne Moral

Von Heinrich von Kleist

„Wenn ich dich nur hätte", sagte der Mensch zu einem Pferde, das mit Sattel und Gebiss vor ihm stand und ihn nicht aufsitzen lassen wollte, „wenn ich dich nur hätte, wie du zuerst, das unerzogene Kind der Natur, aus den Wäldern kamst! Ich wollte dich schon führen, leicht, wie ein Vogel, dahin, über Berg und Tal, wie es mich gut dünkte, und dir und mir sollte dabei wohl sein. Aber da haben sie dir Künste gelehrt, Künste, von welchen ich, nackt, wie ich vor dir stehe, nichts weiß, und ich müsste zu dir in die Reitbahn hinein – wovor mich doch Gott bewahre – wenn wir uns verständigen wollten."

Die Fledermaus und die zwei Wiesel

Von Friedrich von Hagedorn

Es kam die Fledermaus in einer Wiesel Loch,
die war den Mäusen feind, und sprach: „Wie darfst du doch,
der Mäuse Missgeburt!, dich meinen Augen weisen?
Wiewohl du kömmst mir recht, ich wollte so schon speisen."
„Was?", schreit die Fledermaus, „ich eine Maus? O nein!
Mein gutes Wieselchen, das mögt Ihr selbst wohl sein,
die mich zur Maus gemacht, sind Neider oder Feinde,
die Kater unsers Dorfs sind meine besten Freunde."
Es lebe, was gut maust! Ihr wird zuletzt geglaubt,
sie rettet unversehrt ihr unerkanntes Haupt.
Und doch gerät sie bald, durch ihr Gesicht betrogen,
in einer andern Bau, die war der Maus gewogen,
ihr waren gegenteils die Vögel ganz verhasst.
Sie fraß, in Hoffnung, schon den ihr zu schlauen Gast.
Es weiß die Fledermaus, ihr glücklich zu entgehen.
„Wofür denn", ruft sie aus, „werd ich itzt angesehen?
Für einen Vogel. Ich! Du, Wiesel, irrest sehr.
Soll dies ein Fittich sein? Kennt man nicht Mäuse mehr?
Der erste Donnerschlag zerschmettre hier die Katzen!
Die Mäuse leben und die Ratzen!"

Die Fliege

Von Christian Fürchtegott Gellert

Dass alle Tiere denken können,
dies scheint mir ausgemacht zu sein.
Ein Mann, den auch die Kinder witzig nennen,
Aesopus hat's gesagt, Fontaine stimmt mit ein.
Wer wird auch so missgünstig sein
und Tieren nicht dies kleine Glücke gönnen,
aus dem die Welt so wenig macht?
Denk oder denke nicht, darauf gibt niemand Acht.
In einem Tempel voller Pracht,
aus dem die Kunst mit ew'gem Stolze blickte,
dich schnell zum Beifall zwang und gleich dafür entzückte
und wenn sie dich durch Schmuck bestürzt gemacht,

mit edler Einfalt schon dich wieder zu dir brachte,
in diesem Bau voll Ordnung und voll Pracht
saß eine finstre Flieg‘ auf einem Stein und dachte.
Denn dass die Fliegen stets aus finstern Augen sehn
und oft den Kopf mit einem Beine halten
und oft die flache Stirne falten,
kömmt bloß daher, weil sie so viel verstehn
und auf den Grund der Sachen gehn.
So saß auch hier die weise Fliege.
Ein halbes Dutzend ernste Züge
verfinsterten ihr Angesicht.
Sie denkt tiefsinnig nach und spricht:
„Woher ist dies Gebäud‘ entstanden?
Ist außer ihm wohl jemand noch vorhanden,
der es gemacht? Ich seh‘s nicht ein.
Wer sollte dieser Jemand sein?“
„Die Kunst“, sprach die bejahrte Spinne,
„hat diesen Tempel aufgebaut.
Wohin auch nur dein blödes Auge schaut,
wird es Gesetz und Ordnung inne
und dies beweist, dass ihn die Kunst gebaut.“
Hier lachte meine Fliege laut.
„Die Kunst?“, sprach sie ganz höhnisch zu der Spinne.
„Was ist die Kunst? Ich sinn und sinne
und sehe nichts als ein Gedicht.
Was ist sie denn? Durch wen ist sie vorhanden?
Nein, dieses Märchen glaub ich nicht.
Lern es von mir, wie dieser Bau entstanden:
Es kamen einst von ungefähr
viel Steinchen einer Art hieher
und fingen an, zusammen sich zu schicken,
daraus entstand der große hohle Stein,
in welchem wir uns beid‘ erblicken.
Kann was begreiflicher als diese Meinung sein?“

Der Fliege können wir ein solch System vergeben,
allein, dass große Geister leben,
die einer ordnungsvollen Welt
ein Ungefähr zum Ursprung geben
und lieber zufallsweise leben,
als einen Gott zum Thron erheben,
das kann man ihnen nicht vergeben,
wenn man sie nicht für Narren hält.

Die Gärtnerin und die Biene

Von Johann Wilhelm Ludwig Gleim

Eine kleine Biene flog
emsig hin und her und sog
Süßigkeit aus allen Blumen.
„Bienchen“, spricht die Gärtnerin,
die sie bei der Arbeit trifft,
„manche Blume hat doch Gift
und du saugst aus allen Blumen?“
„Ja“, sagt sie zur Gärtnerin,
„ja, das Gift lass ich darin!“

Die Hasen und die Frösche

Nach Äsop

Die Hasen klagten einst über ihre missliche Lage. „Wir leben“, sprach ein Redner, „in steter Furcht vor Menschen und Tieren, eine Beute der Hunde, der Adler, ja fast aller Raubtiere! Unsere stete Angst ist ärger als der Tod selbst. Auf, lasst uns ein für allemal sterben.“ In einem nahen Teich wollten sie sich nun ersäufen, sie eilten ihm zu, allein das außerordentliche Getöse und ihre wunderbare Gestalt erschreckte eine Menge Frösche, die am Ufer saßen, so sehr, dass sie aufs Schnellste untertauchten. „Halt“, rief nun eben dieser Sprecher, „wir wollen das Ersäufen noch ein wenig aufschieben, denn auch uns fürchten, wie ihr seht, einige Tiere, welche also wohl noch unglücklicher sein müssen als wir.“

Lass dich nie durchs Unglück niederschlagen, es gibt immer noch Unglücklichere, mit deren Lage du nicht tauschen würdest.

Die Henne und der Smaragd

Von Friedrich von Hagedorn

Von des Glückes häm'scher Eigensinn
wirft viele Schätze dieser Erden
unwürdigen Besitzern hin,
durch Reichtum lächerlich zu werden.

Wo findet beides sich zugleich:
Geld und Verstand zu edlen Taten?
Vielleicht im tausendjähr'gen Reich,
in Wahrheit nicht in unsern Staaten.
Aus eines Bischofs Schatz verlor sich ein Smaragd,
in dem ein helles Grün mit reinen Farben spielte,
den, wegen strahlenreicher Pracht,
ein jeder, der ihn sah, für unvergleichlich hielte.

Dies Kleinod fand ein weiblich Tier,
das von dem leichten Volk, so sich in Federn kleidet,
des Kammes kronengleiche Zier,
die Wachsamkeit (die Phyllis nie beneidet)
und treue Dummheit unterscheidet,
das blinden Aberwitz von guten Männern borgt
und Junge fremder Art, als seine Zucht, versorgt.

Was tat die Henne hier? Sie fand.
Sie fand, und Finden ist die Kunst von vielen Erben,
doch beider Fund wird übel angewandt:
Denn jene scharrt den Stein in Sand
und diesen kann ihr Gut kein wahres Glück erwerben.
Die Fabel von dem Huhn und von dem Diamant
war mir und dir und Tausenden bekannt.
Mein Freund! Den Einwurf kannst du sparen.
Sie war bekannt vor tausend Jahren,
ihr ändert nur mein Reim die äußere Gestalt
und keine Wahrheit wird zu alt.

Die Henne und die Schwalbe
Nach Äsop

Eine Henne fand durch Zufall Schlangeneier und legte sie mit dem größten Entzücken und besonderer Sorgfalt in die gehörige Ordnung, um sie auszubrüten. Schon stellte sie sich die Freude vor, welche sie an ihren Küchlein haben würde, wenn sie anfingen zu gehen, wenn sie ihnen das Futter aufscharrte und zeigte, wenn sie auf ihr Rufen herbeieilten und es picken lernten, und wenn sie endlich groß, stark, schön und folgsam geworden wären. Jedoch ihre Freude währte nicht lange, eine Schwalbe traf sie über dieser Beschäftigung an und belehrte sie eines Bessern: „Du Törin", sagte sie, „du würdest dir eine Brut erziehen, welche dir die Mühe nur mit dem Tod lohnen würde!"

Erziehst du dir einen Raben, wird er dir zum Dank die Augen ausgraben.

Die Hunde und der Vogel
Von Heinrich von Kleist

Zwei ehrliche Hühnerhunde, die, in der Schule des Hungers zu Schlauköpfen gemacht, alles griffen, was sich auf der Erde blicken ließ, stießen auf einen Vogel. Der Vogel, verlegen, weil er sich nicht in seinem Element befand, wich hüpfend bald hier, bald dorthin aus und seine Gegner triumphierten schon, doch bald darauf, zu hitzig gedrängt, regte er die Flügel und schwang sich in die Luft. Da standen sie, wie Austern, die Helden der Triften, und klemmten den Schwanz ein und gafften ihm nach.

Witz, wenn du dich in die Luft erhebst: wie stehen die Weisen und blicken dir nach!

Die junge Ente

Von Christian Fürchtegott Gellert

Die Henne führt der Jungen Schar,
worunter auch ein Entchen war,
das sie zugleich mit ausgebrütet.
Der Zug soll in den Garten gehn,
die Alte gibt's der Brut durch Locken zu verstehn,
und jedes folgt, sobald sie nur gebietet,
denn sie gebot mit Zärtlichkeit.
Die Ente wackelt mit, allein, nicht gar zu weit.
Sie sieht den Teich, den sie noch nicht gesehen,
sie läuft hinein, sie badet sich.
„Wie, kleines Tier! Du schwimmst? Wer lehrt' es dich?
Wer hieß dich in das Wasser gehen?
Wirst du so jung das Schwimmen schon verstehen?"
Die Henne läuft mit strupfichtem Gefieder
das Ufer zehnmal auf und nieder
und will ihr Kind aus der Gefahr befrein.
Setzt zehnmal an und fliegt doch nicht hinein,
denn die Natur heißt sie das Wasser scheun.
Doch nichts erschreckt den Mut der Ente,
sie schwimmt beherzt in ihrem Elemente,
und fragt die Henne ganz erfreut,
warum sie denn so ängstlich schreit?

Die Katze und die Maus

Von Johann Wilhelm Ludwig Gleim

Einst spielte eine Katze
mit einer kleinen Maus.
„Lauf, Mäuschen!“, sagte sie, und warf die scharfe Tatze
liebkosend nach, ließ auf und nieder
sie laufen, fing sie wieder
und sah vergnügt und freundlich aus.
„Ach, liebe Katze!“, sprach die Maus,
„ich kenne diese Schmeicheleien
und diese Scherze. Ach! Sie dräuen
mir armem Mäuschen bittern Tod!“
„Was?“, sprach die Katze, „das ist Spott!“
Und biss sie tot!

Die Katze und die Ratte

Von Jean de La Fontaine

Eine Ratte lebte unter einer hohen, mächtigen Fichte, deren Astwerk bis auf den Boden hinunterwucherte. Ganz in der Nähe hausten eine Eule, ein Wiesel und eine Katze und machten der Ratte das Leben sauer. Obgleich die Ratte von so viel Feinden umgeben war, konnte sie sich nicht entschließen, ihre Wohnung zu verlassen, denn die alte Fichte ernährte sie ausreichend mit ihrem Samen, der im Frühjahr auf den Boden prasselte. Auch warf der Sturm oft reife Zapfen zu ihr herab, die sich noch nicht geöffnet hatten, und die emsige Ratte schleppte diese dann hoch beglückt in ihr Nest und sammelte so reichlich Vorrat für das ganze Jahr.
Eines Morgens hörte die Ratte ein herzzerreißendes Miauen. Sie lächelte schadenfroh: „Einem meiner Plagegeister scheint es an den Kragen zu gehen.“ Das Miauen wurde immer jämmerlicher und die Ratte blinzelte neugierig aus ihrem Loch. Aber sie konnte nichts sehen. Vorsichtig tapste sie in die Richtung, aus der das Klagen kam. Da entdeckte sie die Katze, die sie schon so oft in Angst und Schrecken versetzt hatte. Sie war in eine Falle geraten. „Das geschieht dir recht!“, rief die Ratte ihrer Feindin zu. Die Katze aber schlug ihre sanftesten Schmeicheltöne an und schnurrte: „Liebe Freundin, deine Güte und Liebenswürdigkeit ist überall bekannt. Ich habe dich vor allen anderen Tieren dieser Gegend verehrt und geliebt. Jetzt, da ich dich sehe, muss ich sagen, es reut mich keinen Augenblick, dass ich dich stets behütet und beschützt habe. Nun kannst du mir dafür deinen Dank erweisen und mir aus diesem teuflischen Netz heraushelfen. Irgendein Taugenichts muss hier gestern dieses Netz ausgelegt haben.“
„Ich dich retten?“, fragte die Ratte belustigt, die keineswegs von den süßlichen Worten

ihrer Todfeindin beeindruckt war. „Was bietest du mir denn zur Belohnung an?“ „Meine ewige Treue und unbedingte Hilfe gegen alle deine Feinde“, antwortete die Katze. Die Ratte entgegnete: „Gegen alle anderen Feinde, das mag wohl sein, aber wer schützt mich vor dir?“ „Ich schwöre es dir bei meinen scharfen Krallen“, beteuerte die Katze. Die Ratte wollte spottend in ihr Loch zurückkehren, da versperrte ihr das kurzschwänzige Wiesel den Weg und funkelte sie wild an. Gleich darauf rauschte fast lautlos der Waldkauz herbei. In ihrer Bedrängnis überlegte die Ratte keinen Moment, sondern flitzte zur Katze und zerbiss eilig das Netz.
Das Wiesel lief herausfordernd auf die Katze zu, um ihr die Beute abzujagen. Flugs sprang die Ratte hinter ihre neu verbündete Freundin. Doch sofort streckte der Waldkauz seine Krallen nach der Ratte aus. Da drang ein wütendes Bellen zu den Streitenden herüber. Wiesel, Waldkauz, Katze und Ratte flohen in verschiedene Richtungen. Ein Jäger war mit seinen Hunden unterwegs, um die Fallen, die er aufgestellt hatte, zu kontrollieren. Einige Tage später lugte die Ratte aus ihrem Loch, um zu erkunden, ob der Weg frei sei, da spritzte die Katze auf sie zu. Schnell fuhr die Ratte zurück. „Warum fliehst du vor mir, liebe Freundin, als wäre ich dein Feind?“, fragte die Katze scheinheilig. „Ich verdanke dir doch mein Leben und bin dein bester Freund. Komm, lass dich zum Dank für deine Hilfe küssen.“
„Ich pfeif auf deinen Dank, du falsche Heuchlerin. Glaubst du, ich wüsste nicht, dass ich nur dem Hund mein Leben verdanke, der euch alle in die Flucht schlug? Du kannst deine Natur nicht verleugnen, auch nicht mit einem noch so heiligen Freundschaftseid, zu dem dich allein die Not gezwungen hat. Du bist und bleibst eine mörderische Katze.“ Und mit diesen Worten zog sich die Ratte tief in ihr Loch zurück.

Die Krähe und andere Vögel

Nach Äsop

Eine eitle Krähe wollte schöner sein, als sie wirklich war, und zierte sich mit allerlei bunten Federn von andern Vögeln, hauptsächlich von Pfauen. Allein um die Eitelkeit zu bestrafen und ihr Eigentumsrecht auszuüben, fielen diese über sie her und entrissen ihr nicht nur die geraubten Federn, sondern auch einen Teil ihrer eigenen. Armseliger als zuvor, stand sie nun wieder da, ein Spott der ihrigen und eine Warnung für alle Eitlen.

Prahle nie mit geborgtem Glanz, Spott ist sonst dein Lohn.

Die Löwin und die Füchsin

Nach Äsop

Eine Füchsin, die auf ihre Fruchtbarkeit stolz war, schalt eine Löwin, dass sie nur ein einziges Junges zur Welt brächte. Die Löwin antwortete ihr darauf: „Fürwahr, ich bringe nur eines zur Welt, aber dieses einzige ist ein Löwe."

Die Maus und der Frosch

Nach Äsop

Eine Maus schloss zu ihrem Verderben mit einem Frosche Freundschaft und lud ihn zum Mahle ein. Der Frosch band den Fuß der Maus an seinen eigenen an und so gingen sie zuerst zu einem Orte, wo viele Speisen vorhanden waren. Der Frosch stillte hier seinen Hunger und beschloss, die Maus, da er ihr gutes Leben beneidete, zu verderben. Als sie bald darauf an den Rand eines Sees kamen, zog er sie in das tiefe Wasser. Die unglückliche Maus kam im Wasser um und schwamm in demselben, an den Fuß des Frosches angebunden, umher. Doch ein Taubenfalke erblickte die Maus und fasste sie mit seinen Krallen. Da sich der Frosch nicht losmachen konnte, entführte er ihn gleichfalls in die Luft, wo er zuerst die Maus und dann jenen selbst verspeiste.

Auch ein Toter ist im Stande, das an ihm begangene Unrecht zu rächen, denn die Gottheit, die alles erblickt, teilt jedem sein gerechtes Schicksal zu.

Die Milbe

Von Novalis

„Nichts ist gewisser", sprach eine Milbe zu der anderen, „als dass unser Käse der Mittelpunkt des erhabenen Weltsystems ist und dass wir die besonderen Lieblinge des Allmächtigen sind, weil er uns die vollkommenste Wohnung erschuf." „Törin", sprach ein Mensch, indem er sie mit ihrem Käse verschlang. „Du denkst, wie viele meiner Brüder denken, du auf deinem Käse, sie auf den ihrigen."

Die Natter und der Aal

Von Friedrich von Hagedorn

Zu der Natter sprach ein Aal:
„Mein Geschick ist zu bedauren,
weil auf mich fast allemal,
nicht auf dich, die Leute lauren.
Ruh und Unschuld schützt mich nicht,
weil mir jeder Netze flicht,
mein Geschlecht füllt alle Reusen.
„Vetter", fiel die Natter ein,
„Unschuld wird dich nicht befrein.
Aber ich kann Zähne weisen,
deren Biss die Feinde scheun."

Die Nuss und die Katze

Von Gotthold Ephraim Lessing

„Gewiss, Herr Wirt, dies Obst ist nicht für meinen Magen.
Denn wenn ich mir, es frei zu sagen,
ja, eine Baumfrucht loben muss,
so lob ich mir die welsche Nuss.
Die schmeckt doch noch! – Bei meiner Treu!
Der zartste Apfel kömmt der Nuss, der Nuss, nicht bei."
Ein Kätzchen, das der Wirtin Liebe
nie mit Gewalt zum Mausen triebe,
und itzt in ihrem Schoße saß,
war schlau, vernahm und merkte das.
„Was?", dacht' es, „eine Nuss soll so vortrefflich schmecken?
Halt, diese Wahrheit soll mein Maul gleich selbst entdecken."
Es sprang vom Schoße weg und lief dem Garten zu.
Nu, Katze, nu, wie dumm bist du!
Der schönen Chloris Schoß um eine Nuss zu lassen?
Wärst du ein junger Herr, wie würde sie dich hassen!
Nein, Schönen, räumet mir nur diesen Ort erst ein,
so wahr er mich ergötzt, ich will kein Kätzchen sein.
Doch dieses sag ich nur so im Vorübergehen.
Horcht! Ich erzähle fort. Beim Garten blieb ich stehen?
Nicht? Ja. Wohl gut. Hier fand der Katze Lüsternheit
beim nächsten Nussbaum nun, worauf sie sich gefreut.
Wollt ihr etwa ein Bild zu meiner Fabel malen:
So malt die Nüsse ja noch in den grünen Schalen,
die unsre Katze fand. Darauf kömmt alles an.
Denn als sie kaum darein den ersten Biss getan,
so schnaubt und sprudelt sie, als wenn sie Glas gefressen.
„Dich", spricht sie, „lobt der Mensch, so mag er dich auch essen.
Oh! Pfui, was muss er nicht für eine Zunge haben!
An solcher Säure sich zu laben!"

O schweig nur, dummes Tier!
Du schmähst zur Ungebühr,
du hättest auf den Kern nur erstlich kommen sollen,
denn den, die Schale nicht, hat Lydas loben wollen!

Die Schlange und der Landmann

Nach Äsop

Eine Schlange, die ihren Verschlupf im Vorhofe eines Landmannes hatte, tötete dessen kleines Kind, worüber die Eltern in tiefe Trauer gerieten. In seiner Betrübnis ergriff der Vater ein Beil und wollte die Schlange, sobald sie hervorkäme, totschlagen. Wie sie nun den Kopf ein wenig herausstreckte, wollte er schnell auf sie loshauen, allein er verfehlte sie und traf nur die Öffnung ihres Schlupfwinkels. Nachdem sich die Schlange wieder in ihr Loch zurückgezogen hatte, glaubte der Landmann, sie denke nicht mehr an die Beleidigung, nahm Brot und Salz und setzte es vor die Höhle. Die Schlange aber zischte ganz fein und sprach: „Nun und nimmer kann Zutrauen und Freundschaft zwischen uns bestehen, solange ich den Stein sehe und du das Grab deines Kindes."

Niemand vergisst Hass und Rache, solange er ein Denkmal dessen, was ihn in Betrübnis versetzte, vor Augen hat.

Die Schnecken

Von Novalis

Einst gingen zwei Jünglinge spazieren und fanden im Fahrweg einige Schnecken, die sie, besorgt, dass sie von einem Fuhrwagen zerdrückt werden möchten, in den Busch dabei warfen. „Ihr Mutwilligen", riefen die Schnecken, „warum stört ihr uns aus unsrer friedlichen Ruhe und werft uns so mutwillig hierher?"

Menschenbrüder, mit wem hadert ihr, wenn euch ein kleines Ungemach geschieht? Mit einem Allweisen? O, ihr Kurzsichtigen!

Die Schwalbe und andere Vögel

Nach Äsop

Ein Vogel, welcher glaubte, dass er die Denk- und Handlungsweise der Menschen genau kenne, versammelte eines Tages eine Menge Vögel um sich und sprach zu ihnen: „Die Menschen säen den Hanf in keiner anderen Absicht, als um Schlingen daraus zu machen und uns einzufangen. Daher ist es unsere Pflicht, diesen Samen beizeiten auszurotten.“ Die Schwalbe, die auch zugegen war, entgegnete, dass sie es für weit besser halte, die Freundschaft der Menschen zu suchen. Als ihr Rat keine Zustimmung fand, verließ sie ihre Waldgenossen, flog in die Stadt und vertilgte die schädlichen Insekten.
Die Menschen sahen bald ihre Nützlichkeit ein und ließen sie ungestört ihr Nest an den Häusern bauen. Die anderen Vögel schadeten den Menschen, wo sie nur konnten, und wurden stark und oft fett dabei. Aber es reifte auch der Hanf und wurde zu Schlingen verarbeitet, mit denen täglich eine Menge Vögel gefangen wurde, welche mit den Menschen hätten in Ruhe und Freundschaft leben können.

Besser Wenigeres in Frieden und nützlicher Tätigkeit, als vielleicht ein Wohlleben, aber mit Gefahr und auf unrechtem Weg.

Die Sperlinge

Von Johann Wilhelm Ludwig Gleim

Man flickte – war‘s zu Straßburg oder Rom?
Ich weiß es nicht – an einem Dom
und jagte Mutter, Brüder, Schwestern
des Sperlingsvolks aus ihren Nestern
und als die Flickerei zu Ende war,
da kam, bei Tausenden, die Schar
der Flüchtigen zurückgeflogen
und freudig hätte jedes Paar
sein Nestchen wieder gern bezogen,
allein, man sah betrübt, dass keins gelassen war.
„Und, Gott! Was hat sie doch bewogen“,
erseufzte da, mit tiefem Ach,
ein alter Sperling auf dem Dach,
„uns unsre Wohnungen so grausam zu zerstören?
Was Bösers konnten sie nicht tun,
als wenn die hohen Mauern nun
zu etwas nütze wären!“

Die Spinne

Von Christian Fürchtegott Gellert

Hochmütig über ihre Künste,
warf vom durchsichtigen Gespinste
die Spinne manchen finstern Blick
auf einen Seidenwurm zurück.
So aufgebläht, wie ein Pedant,
der itzt, von seinem Wert erhitzet,
in Werken seiner eignen Hand
bis an den Bart vergraben sitzet
und auf den Schüler, der ihn grüßt,
den Blick mit halben Augen schießt.
Der Seidenwurm, den erst vor wenig Tagen
der Herr zur Lust mit sich ins Haus getragen,
sieht dieser Spinne lange zu
und fragt zuletzt: „Was webst denn du?“
„Unwissender!“, lässt sich die Spinn‘ erbittert hören,
„du kannst mich noch durch solche Fragen stören?
Ich webe für die Ewigkeit!“
Doch kaum erteilet sie den trotzigen Bescheid,
so reißt die Magd, mit Borsten in den Händen,
von den noch nicht geputzten Wänden
die Spinne nebst der Ewigkeit.

Die Kunst sei noch so groß, die dein Verstand besitzet,
sie bleibt doch lächerlich, wenn sie der Welt nicht nützet.
„Verdient“, ruft ein Pedant, „mein Fleiß denn keinen Dank?“
Nein! Denn er hilft nichts mehr, als andrer Müßiggang.

Die Spinne zu Sanssouci

Von Johann Wilhelm Ludwig Gleim

Im königlichen Sanssouci
saß eine Spinn‘ und sagte: „Sieh‘,
was macht der Mensch nicht nach!
Kaum sieht er, wie die Schwalb‘ am Bach
zu ihrem Bau sich Wasser holt,
sogleich macht er es nach
und baut, wie sie, ein Haus,
und schmückt inwendig es
mit einem Spinnweb‘ aus.“
„Mit einem Spinnweb‘?“ „Ja, indes
macht er es nur von Gold
und wie so grob ist es!
Er mach‘ es doch, wie ich es mache,
ja, das wär eine andre Sache!“

Die Stachelschweine

Von Arthur Schopenhauer

Eine Gesellschaft Stachelschweine drängte sich an einem kalten Wintertage recht nah zusammen, um sich durch die gegenseitige Wärme vor dem Erfrieren zu schützen. Jedoch bald empfanden sie die gegenseitigen Stacheln, welches sie dann wieder voneinander entfernte. Wenn nun das Bedürfnis der Erwärmung sie wieder näher zusammenbrachte, wiederholte sich jenes zweite Übel, sodass sie zwischen beiden Leiden hin und her geworfen wurden, bis sie eine mäßige Entfernung voneinander herausgefunden hatten, in der sie es am besten aushalten konnten.

So treibt das Bedürfnis der Gesellschaft, aus der Leere und Monotonie des eigenen Innern entsprungen, die Menschen zueinander; aber ihre vielen widerwärtigen Eigenschaften und unerträglichen Fehler stoßen sie wieder voneinander ab. Die mittlere Entfernung, die sie endlich herausfinden, und bei welcher ein Beisammensein bestehen kann, ist die Höflichkeit und feine Sitte. Dem, der sich nicht in dieser Entfernung hält, ruft man in England zu: „Keep your distance!“ – Vermöge derselben wird zwar das Bedürfnis gegenseitiger Erwärmung nur unvollkommen befriedigt, dafür aber der Stich der Stacheln nicht empfunden. Wer jedoch viel eigene, innere Wärme hat, bleibt lieber aus der Gesellschaft weg, um keine Beschwerde zu geben, noch zu empfangen.

Die Stadt- und die Landmaus

Nach Äsop

Eine Landmaus hatte ihre Freundin, eine Stadtmaus, zu sich eingeladen und empfing sie in ihrer sehr bescheidenen Wohnung aufs Freundlichste. Um ihren Mangel der sehr verwöhnten Städterin nicht merken zu lassen, hatte sie alles, was das Landleben Gutes bot, herbeigeschafft und aufgetischt. Da waren frische Erbsen, getrocknete Traubenkerne, Hafer und auch ein Stückchen Speck, wovon die Landmaus nur bei außergewöhnlichen Gelegenheiten aß. Mit großer Genugtuung überschaute sie ihre Tafel und unterließ nicht, ihrer Freundin unablässig zuzusprechen. Aber die Stadtmaus, durch die vielen gewohnten Leckereien verwöhnt, beroch und benagte die Speisen nur sehr wenig und stellte sich der Höflichkeit halber so, als wenn es ihr schmecke, konnte aber doch nicht umhin, die Gastgeberin merken zu lassen, dass alles sehr wenig nach ihrem Geschmack gewesen sei. „Du bist eine recht große Törin", sprach sie zu ihr, „dass du hier so kümmerlich dein Leben fristest, während du es in der Stadt so glänzend führen könntest wie ich. Gehe mit mir in die Stadt unter Menschen, dort hast du Vergnügen und Überfluss." Die Landmaus war bald entschlossen und machte sich zum Mitgehen bereit.

Schnell hatten sie die Stadt erreicht und die Städterin führte sie nun in einen Palast, in welchem sie sich hauptsächlich aufzuhalten pflegte, sie gingen in den Speisesaal, wo sie noch die Überbleibsel eines herrlichen Abendschmauses vorfanden. Die Stadtmaus führte ihre Freundin nun zu einem prachtvollen, mit Damast überzogenen Sessel, bat sie, Platz zu nehmen, und legte ihr von den leckeren Speisen vor. Lange nötigen ließ sich die Landmaus nicht, sondern verschlang mit Heißhunger die ihr dargereichten Leckerbissen. Ganz entzückt war sie davon und wollte eben in Lobsprüche ausbrechen, als sich plötzlich die Flügeltüren öffneten und eine Schar Diener hereinstürzte, um die Reste des Mahles zu verzehren. Bestürzt und zitternd flohen beide Freundinnen und die Landmaus, unbekannt in dem großen Hause, rettete sich noch mit Mühe in eine Ecke der Stube. Kaum hatte sich die Dienerschaft entfernt, als sie auch schon wieder hervorkroch und noch vor Schrecken zitternd zu ihrer Freundin sprach: „Lebe wohl! Einmal und nie wieder! Lieber will ich meine ärmliche Nahrung in Frieden genießen, als hier bei den ausgesuchtesten Speisen schwelgen und stets für mein Leben fürchten müssen."

Genügsamkeit und Zufriedenheit macht glücklicher als Reichtum und Überfluss unter großen Sorgen.

Die Taube und die Ameise

Von Jean de La Fontaine

An einem heißen Sommertag flog eine durstige Taube an einen kleinen, rieselnden Bach. Sie girrte vor Verlangen, neigte ihren Kopf und tauchte den Schnabel in das klare Wasser. Hastig saugte sie den kühlen Trunk. Doch plötzlich hielt sie inne. Sie sah, wie eine Ameise heftig mit ihren winzigen Beinchen strampelte und sich verzweifelt bemühte, wieder an Land zu paddeln. Die Taube überlegte nicht lange, knickte einen dicken, langen Grasstängel ab und warf ihn der Ameise zu. Flink kletterte diese auf den Halm und krabbelte über die Rettungsbrücke an Land. Die Taube brummelte zufrieden, schlurfte noch ein wenig Wasser und sonnte sich danach auf einem dicken, dürren Ast, den der Blitz von einem mächtigen Baum abgespalten hatte und der nahe am Bach lag. Ein junger Bursch patschte barfüßig durch die Wiesen zum Wasser. Er trug einen selbst geschnitzten Pfeil und Bogen. Als er die Taube erblickte, blitzten seine Augen auf. „Gebratene Tauben sind meine Lieblingsspeise“, lachte er und spannte siegesgewiss seinen Bogen. Erbost über dieses unerhörte Vorhaben gegen ihren gefiederten Wohltäter kroch die Ameise behände auf seinen Fuß und zwickte ihn voller Zorn. Der Taugenichts zuckte zusammen und schlug mit seiner Hand kräftig nach dem kleinen Quälgeist. Das klatschende Geräusch schreckte die Taube aus ihren sonnigen Träumen auf und eilig flog sie davon. Aus Freude, dass sie ihrem Retter danken konnte, biss die Ameise noch einmal kräftig zu und kroch dann wohlgelaunt in einen Maulwurfshügel.

Die Taube und die Krähe

Nach Äsop

Eine Taube brüstete sich unter andern Vögeln mit ihrer Fruchtbarkeit: „Ich brüte“, sagte sie, „jährlich acht bis zwölf Junge aus, pflege sie, lehre sie fressen und fliegen, fliege mit ihnen auf die Kornfelder und lebe froh mit Kindern, Enkeln und Urenkeln, während ihr andern Vögel kaum ein Paar ausbrütet.“ „Still!“, sagte eine Krähe, die dies mit anhörte, „prahle doch ja nicht mit einem Gegenstand, der dir so unendlich viel Kummer und Leid verursacht! So viele Junge du hast, so viele Male hast du Trauer anzulegen. Kaum haben sie die ersten Federn, so sind sie auch schon auf den Tafeln der Menschen.“

So ist's im Leben: Kurze Freud, viel Leid und doch halten die Freuden unserem Gedächtnis länger nach.

Die Übel

Von Novalis

Einst klagte ein Esel: „Ich Unglücklicher! Ich habe keine Hörner!“ Ein Fuchs stand dabei: „Ja! Ich bin noch unglücklicher, ich habe keine langen Beine!“ „Schweigt!“, rief der Maulwurf. „Bin ich nicht gar blind?“ „Der ist sicher ein Tor“, sprach das weise Pferd, „der sich für den Unglücklichsten hält.“

Die Wachtel und der Hänfling

Von Josef Haltrich

Eine Wachtel lief einmal in einem Kornfelde fröhlich und unbesorgt hin und her, da verstrickte sie sich in einer gelegten Schlinge. Während sie nun voll Angst arbeitete, um sich freizumachen, flog ein Hänfling vorüber. Sogleich rief sie ihm zu: „Lieber Freund, komm und hilf mir; siehe, böse Knaben haben hier eine Schlinge aufgestellt; ich hatte sie nicht gesehen, nun werde ich darin festgehalten, hilf mir; ich werde dir’s einmal vergelten!“ Aber der Hänfling rief ihr höhnisch zu: „Ja, wer in der Welt leben will, muss die Augen auftun!“, und flog weiter. Schon hörte die Wachtel die Knaben herbeikommen. Da strengte sie in der Verzweiflung ihre ganze Kraft an und siehe da, sie wurde endlich frei und flog fort. Nach langer Zeit, als sie einmal in der Nähe eines Gehölzes streifte, hörte sie einen Vogel ihr ganz kläglich zurufen: „Wer du immer bist, erbarm dich meiner und hilf mir, siehe, böse Knaben haben auf diesen Baum Leimruten gestellt, ich hatte sie nicht gesehen und mich daraufgesetzt, und nun werde ich festgehalten, hilf mir, ich werde dir’s vergelten!“ Die Wachtel eilte hinzu und wollte helfen, denn sie dachte gleich daran, wie wohl es ihr gekommen wäre, wenn der garstige Hänfling in ihrer Not ihr beigestanden wäre. Als sie aber nahe kam und denselben Hänfling, der sie in ihrem Unglück verspottet hatte, an dem Baumast schweben und von Leimruten festgehalten sah, ließ sie ihn zappeln und sprach zu ihm, indem sie sich wegwandte, dieselben Worte, die er ihr einmal zugerufen hatte: „Ja, wer in der Welt leben will, muss die Augen auftun!“ Bald darauf kamen die Knaben, fingen und töteten den Hänfling.

Die Wiedervergeltung

Von Novalis

Hastig verfolgte ein Habicht die zitternde Taube und folgte ihr sogar in den Taubenschlag. Da fing ihn der Herr desselben und wollte ihn töten. „Was tat ich dir?“, rief der Habicht. „Was tat dir die Taube?“, war die Antwort.

Die wilde Ziege und der Weinstock

Nach Äsop

Eine wilde Ziege flüchtete sich, von Hunden verfolgt, in einen Weinberg und verbarg sich unter den Blättern eines Weinstockes. Die Hunde stürzten vorbei und sie entging ihren Verfolgern. Kaum glaubte sie sich außer Gefahr, als sie sich auch schon über die Reben hermachte und die Blätter fraß, die kurz vorher sie so treulich versteckt hatten. Dieses Geräusch machte den Jäger aufmerksam, der etwas zurückgeblieben war. Er entdeckte auch bald die Ziege und erlegte sie. „Ach!“, seufzte sie sterbend, „mit Recht habe ich diese Strafe verdient, weil ich meinen Beschützer mit schnödem Undank belohnte.“

Es ist das größte Unrecht, Wohltaten mit Übel zu vergelten; der Undankbare entgeht selten der verdienten Strafe.

Die Ziege und der Ziegenhirt

Nach Äsop

Ein Ziegenhirt musterte seine Ziegen, bevor er sie austrieb. Eine derselben hatte es sich gut schmecken lassen und sehr viel gefressen. Sie ging daher langsamer als die andern und blieb zurück. Der Hirt ärgerte sich über ihre Langsamkeit und da er nicht lange auf sie warten wollte, hob er einen Stein auf und warf nach ihr. Unglücklicherweise traf er das eine Horn, dass es abbrach. Kaum geschehen, bereute er seine Unvorsichtigkeit und bat die Ziege, doch ja nichts ihrem Herrn zu klagen. „Sei doch gescheit", antwortete die Ziege, „wenn ich auch nichts davon sagen wollte, so würde doch das fehlende Horn dich anklagen."

Wo Taten sprechen, lässt sich das einmal Geschehene nicht verhehlen.

Die zwei Wölfe, Vater und Sohn

Von Johann Wilhelm Ludwig Gleim

Das Söhnchen eines Wolfs zerriss ein armes Lamm. Als nun der Vater Wolf von einem Zweikampf kam und seinen Sohn, den Held, das Lamm zerreißen sah und seiner Heldentat der Sohn sich rühmte, da sprach der Vater: „Narr, weil keine Lämmer beißen, so kann man sie ja wohl zerreißen!"

Drei Stiere und der Löwe

Nach Äsop

Drei Stiere schlossen miteinander ein Bündnis, jede Gefahr auf der Weide mit vereinten Kräften abzuwehren, so vereinigt, trotzten sie sogar dem Löwen, dass dieser sich nicht an sie wagte. Als ihn eines Tages der Hunger arg plagte, stiftete er Uneinigkeit unter ihnen. Sie trennten sich und nach nicht acht Tagen hatte er alle drei, jeden einzeln, angegriffen und verzehrt.

Eintracht gibt Stärke und Sicherheit, Zwietracht bringt Schwäche und Verderben.

Ein alter Wolf und die Pferde

Von Josef Haltrich

Ein alter Wolf kam zu den Pferden und sprach: „Ich habe mit euch so lange in Feindschaft gelebt, euch so oft misshandelt und verfolgt, dass ich es begreife, wenn ihr meinen versöhnlichen Worten nicht sogleich Glauben schenket. Doch jetzt meine ich es ehrlich, ich kann euch versichern, dass es mein vollkommener Ernst ist, mit euch auf gutem Fuße zu stehen und euer Aufseher und Lehrer zu werden!" Da sahen ihn die Pferde mit großen Augen an und sprachen mit innerer Empörung: „Schweige, du alter Schächer, du wirst uns nicht übertölpeln, das hieße ja den Bock zum Gärtner machen. Wir wissen wohl: Eher lässt der Vogel von der Luft, der Fisch vom Wasser, als der Wolf vom Füllenwürgen!"

Ein Fuchs und ein Esel

Von Johann Heinrich Pestalozzi

„Ich freue mich allemal, wenn ich einen unserer Feinde, Treiber und Mörder hierherbringen sehe und denke, es liegt wieder einer unserer Feinde bei der Menge derer, die schon tot sind“, also sagte ein Esel auf einem Kirchhof zum Fuchs. Aber dieser antwortete ihm: „Ich hingegen erschrecke immer bei einem Leichenbegräbnis. Es kommt mir bei einem solchen immer kein Sinn an den einzelnen Menschen, den man ins Grab legt, ich denke nur an die Menge derer, die um dasselbe herumstehen.“

Es ist doch gut, dass die Menschengefühle bei einem Begräbnis gewöhnlich weder Fuchs- noch Eselsgefühle sind.

Ein Klub im Tierreich

Von Johann Heinrich Pestalozzi

„Zwischen Himmel und Erde sind keine verfluchteren Vögel“, sprach König Rulph, der stärkste der Geier, da ihn eine Schar von Dohlen durch das ganze Krauchtal verfolgte. Alle Geier fanden, wie Rulph, es wäre gut, wenn kein solcher Mittelstand wäre zwischen den Vögeln. Aber sie glaubten alle, seine Vertilgung sei unmöglich. Nur der staatskluge Rulph, der unter seinem Gefieder eine Fuchsseele verbarg, erhob sich über den Kreis dessen, was gewöhnlich gefiederte Wesen für möglich finden können, und fasste den für eine Vogelseele bewundernswürdigen Gedanken, das ganze Geschlecht der frechen Dohlen und Krähen zu vertilgen. Aber wie das machen? Das sagte er freilich niemand. Nur einmal entrann ihm das Wort: „Was die Könige nicht vermögen, das müssen die Bettler vollbringen.“ Doch schon an diesem Abend sah man den Erzvater der Kauze im Geheimsitz des Königs und bald darauf predigte das Dienstgeschlecht der Kauze auf allen geweihten Ästen gegen alle Vereinigungen der Vogelgeschlechter, vorzüglich aber gegen diejenigen der Dohlen und Krähen, und hoben ein großes Geschrei an, wie der hohe und erhabene Jupiter nicht mehr anders könne, als seiner Langmut endlich ein Ende zu machen und alle Vögel mit schrecklichem Ernst zu vertilgen, weil sie in ihrer Bosheit so weit gekommen, sich nicht mehr zu begnügen, wie dieses auch vorhin geschehen, einzeln und unter gehöriger Anführung zu sündigen, sondern sich jetzt auf eine unerhörte Weise zu ganzen Geschlechtern vereinigten, um die unnatürlichsten Taten mit eigener Gewalt auf die schrecklichste und strafbarste Weise zu vollbringen und durchzusetzen erfrechen.

Sie predigten mit großem, sonderbarem Ernst, wie alle Arten von Vereinigungen unter den Vögeln zu gar nichts Gutem und Nützlichem führen, wie solche ganz einzig von dem höchsten Verderben des Vogelherzens und der darin lebenden, ewigen Gelüste nach allem, was dem geistlichen und weltlichen Vogelrecht entgegen sei, herrühre; und wie dergleichen sträfliche Vereinigungen den betrogenen Vögeln in ihrem Innersten das gute und edle Gefühl ihrer natürlichen Schwäche und Ohnmacht rauben und sie dagegen frech, übermütig und gewalttätig machen; wie besonders die Dohlen sich ohne Scheu und Scham täglich mehr an der Hoheit der mächtigsten Vögel vergreifen und auch den friedlichen Geschlechtern der Vögel zum Trotz, was diese in ihren unschuldigen Seelen verabscheuen, vollbringen und täglich auf die mächtigsten Geier und Weihen eine Lustjagd nach der anderen anstellen. Sie predigten ferner, wie die schändlichen Dohlen auch den Brotrechten der gemeinen, schwächeren und kleineren Vögel auf die sträflichste Weise zu nahe treten, indem sie auf allen Misthaufen und auf allen neu gedüngten Äckern alle eingemachten Früchte, die beste Nahrung der Vögel, ihnen also in Haufen vereinigt vor dem Schnabel wegschnappen, endlich bezeugten sie noch, die Dohlen seien von den Göttern verflucht und von jeher mit der Farbe des Unglücks bezeichnet gewesen, und schlossen dann von ihren geweihten Ästen herab, dahin, man könnte weder Tugend noch Recht unter seinen Fittichen tragen, wenn man es auf irgendeine Art mit der Dohlen-Partei halten wollte.

Die dummen Vogelhorden glaubten und hoben ein großes Geschrei an: Sie wollten alle

Dohlen vertilgen. Viele Tauben wurden auch gegen die armen Dohlen aufgebracht, dass sie auf die höchsten Gebirge hinflogen, ihnen ihre Eier, die sie in den Klippen und Felsritzen verborgen, aufzupicken und zu verderben. Aber so wie die guten Vögel die Dohlen vertilgten, so gediehen die Geier, und endlich merkten die dummen Vögel doch an ihren leeren Nestern, dass sie übel getan hatten, den Mittelstand vertilgen zu wollen, den die Natur ihnen zum Schutz gegen die Geier erschaffen hatte. Seit dieser Zeit aber herrscht auch ein ewiger Hass zwischen den friedlichen Vögeln und dem Kauzengeschlecht, das sie also verführt, zugunsten ihrer Tyrannen ihre frommen und friedlichen Schutzherren vertilgen zu wollen.

Fuchs und Maus

Nach Abraham a Sancta Clara

Ein zaundürrer Fuchs hat sich in eine wohl angefüllte Speisekammer hineinpraktiziert. Das hat eine Maus wahrgenommen und wollte es höflichkeitshalber nicht unterlassen, ihn zu grüßen. „Willkommen!“, sagt sie. „Willkommen, mein hoch geehrter Pelzkramer! Wie treffen wir allhier einander an! Erfreue mich Ihrer guten Gesundheit. Aber – wenn ich darf fragen“, sagt ferner die Maus als ein arger Schlaufuchs, „bitte um Vergebung, dass ich mich untersteh zu fragen! Wie sind Sie in dieses Speisegewölbe hereingekommen?“ „Herein bin ich durch ein gar enges Loch gekommen, vermittelst meiner Magerkeit.“ „Aber in was für Geschäften sind Sie hier? Haben Sie etwa eine Kommission und Auftrag“, sagt weiter die Maus, „vom ganzen Geflügelwerk und allen Hennen insgemein?“ „Oh, nein!“, widersetzt der Fuchs, „ich hab mich einzig und allein hereinbegeben, um mir ein paar Tage Gutes zu gönnen und wiederum am Leib zuzunehmen.“ „So!“, sagt die Maus, „Addio! Dann ist Ihr Leben hin!“ Der Fuchs hat sich derart mit Speisen angefüllt, dass ihm der Bauch auseinandergegangen ist wie eine aufgeblasene Sackpfeife. Als nun der Koch in dem Speisegewölbe den Hennendieb ertappte, wollte der unverzüglich durch das vorige enge Loch fliehen, was aber wegen der angefressenen Wampe nicht mehr ging, so kam er elend und frühzeitig um sein Leben. In seiner Marter gedachte er noch der Maus Prophezeiung, aber zu spät! So musste er also mit dem höchsten Schaden erfahren, dass er länger gelebt hätte, wenn er nicht das Wohlleben gesucht hätte.

Es ist wahr und bleibt wahr, dass das unmäßige Essen und Trinken die meisten Menschen zu früh ins Grab befördert.

Hahn und Fuchs

Nach Abraham a Sancta Clara

Ein Fuchs hat auf eine Zeit einen Hahn auf einem hohen Zaun krähen gehört, ist danach eilig zu ihm gelaufen und hat den Hahn über alle Maßen gelobt und hervorgehoben. „Mich wundert“, sagt der Fuchs, „dass unser Gott Jupiter auf einem Adler reitet. Wenn er schon einen Vogel bevorzugen musste, so hätte er doch dich, werter Hahn, erwählen sollen. Du trägst ja einen solchen schönen, vielfarbigen Schweif, als sei derselbe von einem Regenbogen abkopiert. Anstatt des Barts hat dir die Natur einen so edlen, schönen Kamm spendiert, dass er farblich sogar mit dem Purpur konkurrieren könnte. Deine scharfen Klauen sind nichts anderes als zwei martialische Waffen, mit denen du dich und dein geflügeltes Frauenzimmer ganz heldenmütig verteidigst. Wie soll ich erst rühmen deine hohe Vernunft, indem du dich gar auf den Lauf der Himmelsgestirne verstehst, den Tag mit größter Wachsamkeit andeutest und also den Leuten mehr dienst als die beste Uhr! Deine so herrliche und heroische Stimme versetzt jeden in Bewunderung und es wäre nur billig, wenn dir alle Musikanten den Vortritt ließen; die Liebe gegen den Nächsten ist dergestalt groß bei dir, dass du wie so oft schon gern auf ein Körnchen verzichtest und es den Hennen überlässt. – Ich armer Fuchs bin heute außerordentlich glückselig, dass ich deine edle Gegenwart genießen kann; verbergen muss sich fürwahr der Vogel Phoenix im Vergleich zu deinen so großen natürlichen Gaben.“ Dem Hahn hat diese fuchsische Lobrede derart wohl gefallen, dass er vor lauter geschmeichelter Eitelkeit anfing krähen, was den Fuchs offensichtlich noch mehr erfreut hat. „Oh, welch eine himmlische Stimme!“, sagt er. „Oh, wenn ich die Gnade erfahren könnte, diesem gebenedeiten Schnabel einen Kuss zu geben, so wäre ich der Allerglückseligste unter den Tieren!“ Der stolze Gockel lässt sich derart betören, dass er seinen Kragen tief herabsenkt, um das *Osculum pacis*, den Friedenskuss, zu empfangen. Der Fuchs aber schnappt zu und zieht den eitlen Gesellen vom Zaun herunter und rupft diesen hoffärtigen Feder-Hansel dergestalt, dass kaum noch Gebeine und Knöchelchen übrig blieben.

Hirschenhorn

Von Johann Heinrich Pestalozzi

Ein Mensch, der noch wenig Tiere gesehen hatte, kam plötzlich in einen Tiergarten und staunte über die Pracht der zahmen und wilden Geschöpfe; aber das Horn des Hirsches ging ihm über alles. Er sagte zum Wärter: „Die Natur hat dieses Tier gewiss zum König der Tiere bestimmt." „Warum meinst du das?", fragte ihn der Wärter. Der Neuling im Tierreich antwortete: „Sein mächtiges Horn zeugt von unermesslicher Kraft." „O nein", erwiderte der Wärter, „es ist nur ein schwülstiger Auswuchs seiner mittelmäßigen Kraft." Der Neuling: „Ich hielt es für eine Naturkrone, die alle Tiere als das über sein Haupt emporstrebende Zeichen seiner allgemeinen inneren Kraft anerkennen und respektieren müssen." Der Wärter erwiderte, die Kraft der Hirsche liege wesentlich in ihren Beinen und diese brauchen sie vorzüglich zum Fliehen, wenn sie auch nur einen kleinen Hund bellen hören.

Ein alter Soldat, der diese Erzählung über das Hirschenhorn und die Hirschenkraft hörte, sagte darüber: „Ich kenne ein Leibregiment, das auf der Parade sich auch in seiner Kleidung, aber auch in der Schlacht im Fliehen auszeichnete, wie der Hirsch mit seinem Horn und mit seinen Beinen."

Hund und Katze

Von Wilhelm Busch

Miezel, eine schlaue Katze,
Molly, ein begabter Hund,
wohnhaft an demselben Platze,
hassten sich aus Herzensgrund.

Schon der Ausdruck ihrer Mienen,
bei gesträubter Haarfrisur,
zeigt es deutlich: Zwischen ihnen
ist von Liebe keine Spur.

Doch wenn Miezel in dem Baume,
wo sie meistens hin entwich,
friedlich dasitzt, wie im Traume,
dann ist Molly außer sich.

Beide lebten in der Scheune,
die gefüllt mit frischem Heu.
Alle beide hatten Kleine,
Molly zwei und Miezel drei.

Einst zur Jagd ging Miezel wieder
auf das Feld. Da geht es bumm.
Der Herr Förster schoss sie nieder,
ihre Lebenszeit ist um.

Oh, wie jämmerlich mauen
die drei Kinderchen daheim.
Molly eilt, sie zu beschauen,
und ihr Herz geht aus dem Leim.

Und sie trägt sie kurz entschlossen
zu der eignen Lagerstatt,
wo sie nunmehr fünf Genossen
an der Brust zu Gaste hat.

Mensch mit traurigem Gesichte,
sprich nicht nur von Leid und Streit.
Selbst in Brehms Naturgeschichte
findet sich Barmherzigkeit.

Jupiter und die Bienen

Nach Äsop

Die Bienen, unwillig darüber, dass sie nur für die undankbaren Menschen arbeiten sollten, brachten Jupiter die feinsten Waben zur Gabe und erbaten sich von ihm die Gnade, er möchte ihren Stacheln die Eigenschaft verleihen, recht empfindliche Schmerzen zu verursachen. „Es sei", sprach Jupiter, ergrimmt über die Rachgier dieser so kleinen Tierchen, „aber so, dass ihr auch zugleich mit dem Stachel euer Leben lasst!"

Lass dich vom Hass nicht betören, denn seine Folgen können oft für dich selbst gefährlich werden.

Jupiter und die Schnecke

Von Friedrich von Hagedorn

Jupiter verhieß den Tieren, die er in der Welt erschuf,
das zu geben, was sie wünschten. Jedes kam auf seinen Ruf.
Alle wünschten, alle baten; was sie baten, ward verliehn.
Zu den andern kroch die Schnecke, bis sie vor dem Zeus erschien.
Diese sprach: „O, Haupt der Götter, darf auch ich mir was erflehn?
O, so ist's, in meiner Wohnung lebenslang herumzugehn!
Wenigstens von nahen Feinden bleibt alsdann mein Haus befreit,
wir entschleichen vielen Fragen, vielen Händeln und dem Neid.
Tausend mögen stolzer wählen; jeder Segen, der mir blüht,
blüht mir schöner und gedoppelt, wann die Scheelsucht ihn nicht sieht."
Wahl und Vortrag ward gebilligt: Jupiter ging dieses ein
und vor vielen schien die Schnecke glücklich und gescheit zu sein.

Katze und Maus in Gesellschaft

Von den Brüdern Grimm

Eine Katze hatte Bekanntschaft mit einer Maus gemacht und ihr so viel von der großen Liebe und Freundschaft vorgesagt, die sie zu ihr trüge, dass die Maus endlich einwilligte, mit ihr zusammen in einem Haus zu wohnen und gemeinschaftliche Wirtschaft zu führen. „Aber für den Winter müssen wir Vorsorge tragen, sonst leiden wir Hunger", sagte die Katze, „du, Mäuschen, kannst dich nicht überall hinwagen und gerätst mir am Ende in eine Falle." Der gute Rat wurde also befolgt und ein Töpfchen mit Fett angekauft. Sie wussten aber nicht, wo sie es hinstellen sollten, endlich, nach langer Überlegung, sprach die Katze: „Ich weiß keinen Ort, wo es besser aufgehoben wäre als in der Kirche, da getraut sich niemand, etwas wegzunehmen. Wir stellen es unter den Altar und rühren es nicht eher an, als bis wir es nötig haben."

Das Töpfchen wurde also in Sicherheit gebracht, aber es dauerte nicht lange, so trug die Katze Gelüsten danach und sprach zur Maus: „Was ich dir sagen wollte, Mäuschen, ich bin von meiner Base zu Gevatter gebeten – sie hat ein Söhnchen zur Welt gebracht, weiß mit braunen Flecken, das soll ich über die Taufe halten. Lass mich heute ausgehen und besorge du das Haus allein." „Ja, ja", antwortete die Maus, „geh in Gottes Namen, wenn du was Gutes isst, so denk an mich: Von dem süßen roten Kindbettwein tränk ich auch gerne ein Tröpfchen." Es war aber alles nicht wahr, die Katze hatte keine Base und war nicht zum Gevatter gebeten. Sie ging geradewegs zu der Kirche, schlich zu dem Fetttöpfchen, fing an zu lecken und leckte die fette Haut ab. Dann machte sie einen Spaziergang auf den Dächern der Stadt, besah sich die Gelegenheit, streckte sich hernach in der Sonne aus und wischte sich den Bart, sooft sie an das Fetttöpfchen dachte. Erst als es Abend war, kam sie wieder nach Haus. „Nun, da bist du ja wieder", sagte die Maus, „du hast gewiss einen lustigen Tag gehabt."

„Es ging wohl an", antwortete die Katze. „Was hat denn das Kind für einen Namen bekommen?", fragte die Maus. „Hautab", sagte die Katze ganz trocken. „Hautab!", rief die Maus. „Das ist ja ein wunderlicher und seltsamer Name, ist der in eurer Familie gebräuchlich?" „Was ist da weiter?", sagte die Katze. „Er ist nicht schlechter als Bröseldieb, wie deine Paten heißen." Nicht lange danach überkam die Katze wieder ein Gelüsten. Sie sprach zur Maus: „Du musst mir den Gefallen tun und nochmals das Hauswesen allein besorgen, ich bin zum zweiten Mal zu Gevatter gebeten und da das Kind einen weißen Ring um den Hals hat, so kann ich's nicht absagen." Die gute Maus willigte ein, die Katze aber schlich hinter der Stadtmauer zu der Kirche und fraß den Fetttopf halb aus. „Es schmeckt nichts besser", sagte sie, „als was man selber isst", und war mit ihrem Tagewerk ganz zufrieden. Als sie heimkam, fragte die Maus: „Wie ist denn dieses Kind getauft worden?" „Halbaus", antwortete die Katze. „Halbaus! Was du sagst! Den Namen habe ich mein Lebtag noch nicht gehört, ich wette, der steht nicht in dem Kalender."

Der Katze wässerte das Maul bald wieder nach dem Leckerwerk. „Aller guten Dinge sind drei", sprach sie zu der Maus, „da soll ich wieder Gevatter stehen, das Kind ist ganz schwarz und hat bloß weiße Pfoten, sonst kein weißes Haar am ganzen Leib, das trifft sich alle paar Jahr nur einmal, du lässt mich doch ausgehen?“ „Hautab! Halbaus!“, antwortete die Maus. „Es sind so kuriose Namen, die machen mich so nachdenklich.“ „Da sitzest du daheim in deinem dunkelgrauen Flausrock und deinem langen Haarzopf“, sprach die Katze, „und fängst Grillen. Das kommt davon, wenn man bei Tage nicht ausgeht.“ Die Maus räumte während der Abwesenheit der Katze auf und brachte das Haus in Ordnung, die naschhafte Katze aber fraß den Fetttopf rein aus. „Wenn erst alles aufgezehrt ist, so hat man Ruhe“, sagte sie zu sich selbst und kam satt und dick erst in der Nacht nach Haus. Die Maus fragte gleich nach dem Namen, den das dritte Kind bekommen hätte. „Er wird dir wohl auch nicht gefallen“, sagte die Katze, „er heißt Ganzaus.“ „Ganzaus!“, rief die Maus. „Das ist der allerbedenklichste Name, gedruckt ist er mir noch nicht vorgekommen. Ganzaus! Was soll das bedeuten?“ Sie schüttelte den Kopf, rollte sich zusammen und legte sich schlafen.

Von nun an wollte niemand mehr die Katze zu Gevatter bitten, als aber der Winter herangekommen und draußen nichts mehr zu finden war, gedachte die Maus ihres Vorrats und sprach: „Komm, Katze, wir wollen zu unserem Fetttopf gehen, den wir uns aufgehoben haben, der wird uns schmecken.“ „Jawohl“, antwortete die Katze, „der wird dir schmecken, als wenn du deine feine Zunge zum Fenster hinausstreckst.“ Sie machten sich auf den Weg und als sie anlangten, stand zwar der Fetttopf noch an seinem Platz, er war aber leer. „Ach“, sagte die Maus, „jetzt merke ich, was geschehen ist, jetzt kommt’s an den Tag, du bist mir die wahre Freundin! Aufgefressen hast du alles, wie du zu Gevatter gestanden bist: erst Haut ab, dann Halb aus, dann …“ „Willst du schweigen“, rief die Katze, „noch ein Wort und ich fresse dich auf.“ „Ganz aus“, hatte die arme Maus schon auf der Zunge, kaum war es heraus, so tat die Katze einen Satz nach ihr, packte sie und schluckte sie hinunter. Siehst du, so geht’s in der Welt.

Kleine Fabel

Von Franz Kafka

„Ach“, sagte die Maus, „die Welt wird enger mit jedem Tag. Zuerst war sie so breit, dass ich Angst hatte, ich lief weiter und war glücklich, dass ich endlich rechts und links in der Ferne Mauern sah, aber diese langen Mauern eilen so schnell aufeinander zu, dass ich schon im letzten Zimmer bin, und dort im Winkel steht die Falle, in die ich laufe.“ „Du musst nur die Laufrichtung ändern“, sagte die Katze und fraß sie.

Knaben und Frösche

Nach Äsop

Einige mutwillige Knaben machten sich eines Tages die größte Freude daraus, an einem Teiche jeden Frosch, so wie er hervortauchte, mit Steinen zu bewerfen. Je mehr Frösche sie verwundeten, je größer und lauter wurde das Geschrei, bis endlich ein alter Frosch auftauchte und ihnen zurief: „Kinder, bedenkt doch, was ihr tut, dass ihr uns armen Tiere, die euch nichts Böses taten, quält und schuldlos tötet." Dies machte die Knaben aufmerksam, sie dachten darüber nach und gingen beschämt nach Hause.

Quäle nie ein Tier zum Scherz, denn es fühlt wie du den Schmerz.

Löwe und Maus

Nach Abraham a Sancta Clara

Einst war ein Löwe, weil er seiner Beute nachstellte, in einem Netz gefangen und obwohl er sich vielfältig bemühte, sich herauszuwickeln, war doch alles umsonst. Er hatte sich schon aufgegeben und hoffte, dass die Jäger kommen und ihm endlich den Garaus machen würden. Da läuft eine kleine Feldmaus aus der Erde heraus, sieht den Löwen im Garn, ganz eingewickelt und ermattet, geht hinzu und traut sich, mit ihm zu reden: „Ihro Majestät, Herr König, wie geht's Ihnen? Wie sind Sie in diese Stricke und Unglück geraten? Das tut mir über alle Maßen leid, Herr König! Ich will Ihnen heraushelfen, aber ein Ding, das dürfen Sie mir nicht abschlagen." „Oh, Gott", sagte der Löwe, „mein Mäuschen, ich will dir mein Lebtag dankbar sein. Sage nur, was du willst, und wenn es in meiner Macht und in meinem Vermögen steht, soll das Begehren erfüllt werden." „Ihro Majestät", sagte das Mäuschen, „wenn Sie mich heiraten und zu Ihrer Gemahlin nehmen, so will ich Sie befreien." „O weh!", dachte der Löwe, „es wird mir ein Spott sein, wenn ich einen so kleinen Pumpernickel zum Weib habe, doch aber, das Leben ist gut, ist heilig!" Und er sprach: „Ja, ja, ja, mein Mäuschen, vom Grund meines Herzens will ich dich heiraten." „Gut, gut!" Das Mäuschen fing an zu nagen und nagte so fleißig, dass ihm fast die Zähne ausfielen – Was tut man nicht alles, dass man nur einen Mann bekommt! Das Mäuschen nagte fürwahr so lang und stark, dass es nach kurzer Zeit das ganze Netz zernagt und dem Löwen ein so großes Loch gemacht hatte, dass er leicht herauskonnte. Als nun der Löwe aus seinem durchsichtigen Gefängnis befreit war, erfüllte er sein Versprechen, heiratete das Mäuschen und sie feierten lustig auf der Hochzeit. Wie aber der Löwe mit dem Mäuschen den ersten Tanz tat, trat er mit der Pratze aufs Mäuschen, das somit elendiglich ums Leben kam. Die Braut hat man begraben und ihr diese Grabschrift aufgesetzt: „So geht's", sagte der Löwe, „wenn man so hoch will sei, ist nie kein Glück dabei!"

Löwe und Reh

Von Johann Heinrich Pestalozzi

Der Löwe meinte, das Reh sollte in jedem Falle stillstehen, wenn er rufe. Aber das Reh antwortete ihm: „Der große Jupiter hat das meinem Herzen verboten, wie dir das Grasfressen."

Jupiter hatte sehr Recht; sonst würde es gewiss dahin kommen, dass auch die Mäuse den Katzen stillstehen müssten, wenn sie nur miauten.

Mops und Hector

Von Friedrich von Hagedorn

Der beste Freund in unsrer Welt,
Mops, war mit Hector auferzogen,
und blieb ihm, immer unverstellt,
mit wahrer Hundetreu gewogen.
Ihm ging es recht nach seinem Sinn,
wo Möpschen war, da gab es Freude,
doch Hector zog nach Norden hin
und fand Verfolgung, Frost und Räude.
Wahr ist es: Hectors Unverstand
gibt Anlass oft ihn zu verlästern:
Er ist zu munter, zu galant,
und lebte dort bei keuschen Schwestern.
Kaum finden sich die Brüder ein
und seufzen brünstig an der Schwelle,
(vom Nachbar recht gehört zu sein)
es übertäubt sie sein Gebelle.
Er wedelt, wenn den Andachtbund
Gebet und Wink und Kuss beleben!
Er wedelt! O der Höllenhund,
der Unschuld Ärgernis zu geben!
Er nimmt sich endlich mehr in Acht,
damit sein Tun unsträflich scheine.
Doch Hectorn drückt schon der Verdacht,
er ist kein Tier für die Gemeine.
Bald soll ein wohl gewählter Stein
den ungezognen Hund ertränken,
nur ist die Strafe fast zu klein,
der Hunger kann noch länger kränken.
Man stößt und schlägt und nennt ihn toll,
zum Vorschmack härtrer Züchtigungen.
Doch alles dient zu seinem Wohl
und zielt auf nichts, als Besserungen.
Der Brüderschaft ergrimmte Zucht
häuft täglich die vergällten Tücke.
Zuletzt treibt ihn die Not zur Flucht
und schleppt ihn halb erstarrt zurücke.
Von Mopsen wird er kaum erkannt,
so dürftig kömmt er angekrochen.
Allein, so bald er sich genannt,
wird er aufs Zärtlichste berochen.

Er spricht: „Mein Freund, du jammerst mich,
ich werde dich zu trösten wissen,
es lebt dein Mops fast königlich,
ihn mästen lauter Leckerbissen.
Madame gibt ihm manchen Kuss
manch Schmätzgen, dem kein Nachdruck fehlet.
Ihm kommen sie im Überfluss,
dem Manne werden sie gezählet.
Wer will, was Höhere gewollt,
dem wird die Ehrfurcht zum Ergötzen.
Mir sind die meisten Schönen hold,
mich lieben zwanzig junge Betzen.
Mich lobt das ganze Haus, warum?
Ich kann die Treue klüglich üben.
Ich bleibe dem Geliebten stumm
und belle Bettlern oder Dieben."

Nachtigall und Raubvogel

Nach Abraham a Sancta Clara

Als einmal die Nachtigall nach ihrer schönen Gewohnheit auf einem grünen Ast über alle Maßen geschlagen und den Reisenden eine große Freude und Ergötzlichkeit verursacht hat, da ist von ungefähr ein Raubvogel auf sie gestoßen und hat selbige mit den Klauen hinweggetragen. Das arme Vogerl hat diesen, ihren Feind, inniglich gebeten, er möchte ihr doch das Leben schenken. „Was gibst du mir aber?", fragt der Stoßvogel. „Oh, mein Gott!", sagt sie, „ich bin selbst arm und mittellos; aber gleichwohl will ich dir die allerschönste Musik aufmachen und dich mit meinem Gesang nach Möglichkeit erfreuen." „Hoho!", antwortet der Raubvogel. „Mein Bauch hat keine Ohren oder Gehör!", und so fiel also die arme Musikantin diesem großen Schelmen zum Opfer.

Solche Vögel gibt's mehr in der Welt, die sich bloß mit Stehlen und Rauben ernähren.

Rossfliege und Hornisse

Von Johann Heinrich Pestalozzi

Die Rossfliege wollte den Rang vor der Wespe. Damit sie ihn bekomme, ging sie zu der Hornisse in Dienst und leckte dieser den Angel im Leibe, der ihr zu Zeiten wehtut.

Es macht mich nichts so sehr lachen, als wenn ich solche Rossfliegen sehe, die sich im Dienste einen höheren Rang zum Nachteil kraftvollerer Männer, die diesen Rang verdient haben, durch Niederträchtigkeit zu erschleichen gewusst. Ich kann nicht verhehlen: Die Rossfliege und ihr Verdienst um die Hornisse kommt mir in diesem Falle dann immer in Sinn.

Tyrannen-Gerechtigkeit

Von Johann Wilhelm Ludwig Gleim

Ein Tiger rühmte sich: Er hätte Wolfesblut
und Lämmerblut zugleich vergossen,
es wäre wie ein Strom geflossen!
„Gut“, sprach ein Fuchs, „sehr gut,
dass es geschehen ist! Denn wär es nicht geschehen,
so hätten wir ja nicht den schönen Strom gesehen,
er floss so lieblich rosenrot!“
„Schlagt“, sprach der Tiger da, „mir dort den Schmeichler tot!“
Urplötzlich ward er totgeschlagen!
Mit *einem* Schlage tat‘s der ärmste Tigerknecht!
Die‘s sah‘n, die hörte man, nur aber leise, sagen:
„Das war ja doch einmal gerecht!“

Vom Fuchs und dem Hahn

Nach Äsop

Ein hungriger Fuchs kam einstmals in ein Dorf und fand einen Hahn; zu dem sprach er also: „O, mein Herr Hahn, welche schöne Stimme hat dein Herr Vater gehabt! Ich bin deshalb zu dir hierher gekommen, weil ich deine Stimme hören möchte. Darum bitt ich dich, dass du mir singst mit lauter Stimme, damit ich hören kann, wer die schönere Stimme hat – du oder dein Vater.“ Da blähte der Hahn sein Gefieder auf und mit geschlossenen Augen fing er an, auf das Lauteste zu krähen. Da sprang der Fuchs auf, fing ihn und trug ihn in den Wald. Als das die Bauern gewahr wurden, liefen sie dem Fuchs nach und schrien: „Der Fuchs trägt unsern Hahn fort!“ Als der Hahn das hörte, sprach er zu dem Fuchs: „Hörst du, Herr Fuchs, was die groben Bauern sagen? Sprich du zu ihnen: ‚Ich trage meinen Hahn und nicht den euern‘.“ Da ließ der Fuchs den Hahn aus dem Maule und sprach: „Ich trage meinen Hahn und nicht den euern.‘“ Geschwind flog der Hahn auf einen Baum und sprach: „Du lügst, Herr Fuchs, du lügst, ich bin des Bauern, nicht dein.“ Da schlug der Fuchs sich selbst mit den Händen aufs Maul und sprach: „O, du böses Maul, wie viel schwätzest du? Wie viel redest du Unnützes? Hättest du jetzt nicht geredet, so hättest du deinen Raub nicht verloren.“

Zeus und das Kamel

Nach Äsop

Ein Kamel, das einen Stier erblickte, welcher auf seine Hörner stolz war, beneidete diesen und wünschte sich denselben Schmuck, deshalb trat es vor Zeus und bat ihn gleichfalls um Hörner. Der Gott, welcher dem Tiere einen großen Körper und Stärke des Leibes, die ihm nötig waren, verliehen hatte, zürnte über die Unbescheidenheit desselben und versagte ihm nicht bloß die Hörner, sondern nahm ihm auch etwas von der Länge der Ohren hinweg.

Viele verlieren, indem sie mehr zu gewinnen streben, dasjenige, was sie in Sicherheit genießen könnten.

Zwei Frösche

Nach Äsop

In einem außerordentlich heißen Sommer war ein tiefer Sumpf ausgetrocknet und die Frösche, die bisherigen Bewohner desselben, mussten sich nach einem andern Wohnort umsehen. Zwei derselben kamen auf ihrer Wanderschaft zu einem tiefen Brunnen, worin es noch Wasser gab. „Ei! Sieh da!“, rief der eine. „Warum wollen wir weitergehen? Lass uns hier hinunterhüpfen!“ „Halt!“, antwortete der andere, „das Hinunterkommen ist zwar ganz leicht, aber wenn auch der Brunnen eintrocknet, wie willst du dann wieder herauskommen?“

Merke: Was dir heute nutzt, das kann dir morgen schaden, darum denke nach, bevor du handelst.

Zwei Krebse

Nach Äsop

„Geh doch gerade und vorwärts!", rief einem jungen Krebs seine Mutter zu. „Von Herzen gerne, liebe Mutter", antwortete dieser, „nur möchte ich es dich ebenso machen sehen." Jedoch vergeblich war der Mutter Anstrengung und sichtbar ihre Klügelei und Tadelsucht.

Gib keine Befehle, die man nicht vollbringen kann, und tadle an anderen keine Fehler, die du selbst begehst!

Zwei Pferde und die Deichsel

Von Johann Heinrich Pestalozzi

Die Deichsel brach vom Wagen und die Pferde sprangen wütend mit ihr über Stauden und Stöcke. Da sie aufgefangen wurden, sagte die Deichsel zu ihnen: „Ihr geht sonst so still neben mir euren Weg, warum wütetet ihr jetzt also an meiner Seite?" Die Pferde antworteten: „Solange du selbst am Wagen angekettet als eine tote Stange in dir selbst unbeweglich in Ruhe zwischen uns lagst, so gingen wir freilich auch ruhig an deiner Seite unseren Weg, da du jetzt aber vom Wagen abgerissen selbst ungebunden, in wilden, bösen Sprüngen um unsere Beine herumtanzt, so macht uns das wütend."

Ebenso können Regierungsmaßregeln, die in willkürlichen Sprüngen den Geldsäckel, den Brotkorb, die Ehrliebe und das Rechts- und Sicherheitsbedürfnis eines Volkes verletzend angreifen, bei den Menschen die gleiche Wirkung hervorbringen wie die vom Wagen abgerissene Deichsel, wenn sie in willkürlichen Sprüngen um die Füße der Pferde herumtanzt.